Ulrike Lindner

Eltern informieren, überzeugen und begeistern

✔ Kita-Projekte originell dokumentiert

✔ Flyer, Einladungen und Aushänge

✔ Präsentationen mit Aha-Effekt

Verlag an der Ruhr

Impressum

Titel

Eltern informieren, überzeugen und begeistern

Kita-Projekte originell dokumentiert – Flyer, Einladungen und Aushänge – Präsentationen mit Aha-Effekt

Autorin

Ulrike Lindner

Titelbildmotive

Ulrike Lindner

Fotos

Ulrike Lindner

Innengestaltung

Markus Schmitz, Altenberge

Verlag an der Ruhr
Mülheim an der Ruhr
www.verlagruhr.de

Unser Beitrag zum Umweltschutz:

Wir sind seit 2008 ein ÖKOPROFIT®-Betrieb und setzen uns damit aktiv für den Umweltschutz ein. Das ÖKOPROFIT®-Projekt unterstützt Betriebe dabei, die Umwelt durch nachhaltiges Wirtschaften zu entlasten.

Unsere Produkte sind grundsätzlich auf chlorfrei gebleichtes und nach Umweltschutzstandards zertifiziertes Papier gedruckt.

© Verlag an der Ruhr 2011

ISBN 978-3-8346-0827-7

Printed in Germany

1 Einleitung – Vom Sinn und Zweck
des Präsentierens 4

2 Ausstellungen – Sprechende Wände . . 13

Wieso, weshalb, wozu? –
Drei gute Gründe für Kita-Ausstellungen 14

Entgegen allen Zweifeln –
Tipps zum Planen und Vorbereiten 17

Trommeln gehört zum Handwerk –
Ausstellungen bekannt machen 19

CHECKLISTE:
Planung für unsere Ausstellung **22**

Auf das WIE kommt es an –
Ausstellungen ansprechend gestalten 23

Hauptsache lesbar –
Texte in der Ausstellung 26

Jedes Bild braucht einen Rahmen –
Bilder und Fotos präsentieren 27

Alles am rechten Platz –
Fotos und Bilder anordnen 31

Der Klassiker –
Bilder an der Wand befestigen 33

Mit dem Auge des Betrachters –
Stellwände richtig nutzen 36

Fast in Vergessenheit geraten –
Pinnwände 39

Neues wagen, ausprobieren –
Noch mehr Ideen für die Ausstellung 42

METHODENTRAINING:
Bewegte Bilder **48**

METHODENTRAINING:
Gute Fotos mit der Digitalkamera **49**

3 Elternbriefe, Plakate und Flyer –
Ihr Aushängeschild 55

Nicht zu unterschätzen –
Plakate, Flyer und Co. gekonnt gestalten 56

Das Auge liest mit –
Grundlagen professioneller Gestaltung 58

Gestaltung im Fokus –
Layout-Element 1: Format 60

Gestaltung im Fokus –
Layout-Element 2: Seitenaufteilung 61

Gestaltung im Fokus –
Layout-Element 3: Farben 64

Gestaltung im Fokus –
Layout-Element 4: Bilder und Grafiken 68

Gestaltung im Fokus –
Layout-Element 5: Schrift 70

Die Zielgruppe im Blick –
Faltblatt oder Flyer gestalten 73

Plakativ, prägnant, professionell –
Plakate gestalten 78

Informationen auf einen Blick –
Aushänge gestalten 82

4 Vortrag – Informationen LIVE! 87

Der rote Faden –
Struktur ins Thema bringen 88

VORBEREITUNGSHILFE:
Den Ablauf des Vortrags planen **92**

Informationen sichtbar machen –
Bilder und visuelle Hilfsmittel einsetzen 93

Vier Rezepte gegen Langeweile –
Wie Sie die Zuhörer beteiligen 96

Das Wichtigste sind Sie –
Wie Sie gekonnt auftreten 97

Der Körper lügt nicht –
Signale der Sicherheit 98

Keine Angst vor Lampenfieber –
Tipps und Kniffe gegen ein Volksleiden 106

Medientipps 109

Danksagung 110

Einleitung –
Vom Sinn und Zweck des Präsentierens

„Tu Gutes und rede darüber", lautet eine bekannte Maxime für erfolgreiche Öffentlichkeitsarbeit. Das Zutreffende dieses Zitats liegt auf der Hand – ohne die geeignete Kommunikation wird auch die beste Arbeit oft nicht als solche wahrgenommen und auch nicht angemessen gewürdigt. Selbstverständlich sind eine fundierte pädagogische Ausbildung aller Mitarbeiterinnen und Mitarbeiter, eine liebevolle und professionelle Arbeit mit den Kindern, die vertrauensvolle offene Zusammenarbeit mit den Eltern und ein gutes Betriebsklima die Faktoren, die für die Arbeit in der Kita oder Krippe wirklich wichtig sind. Aber allein für sich genommen, reichen sie noch nicht aus. Ebenso wichtig ist es, die eigene Arbeit professionell zu präsentieren.

Warum Präsentation so wichtig ist

„Warum denn?", werden manche fragen. *„Warum sollen wir zusätzlich zu unseren vielen Aufgaben auch noch darauf achten, in welcher Form wir unsere Arbeit öffentlich machen? Wir haben doch bereits heute genug damit zu tun, uns immer weiter fortzubilden, unsere Konzeption zu entwickeln, Qualitätsstandards zu definieren und einzuhalten. Warum jetzt auch noch präsentieren? Für wen überhaupt? Für die Kinder? Unseren Träger? Oder die Eltern? Die wissen doch sowieso, was wir hier mit ihren Kindern machen."*

So oder so ähnlich lauten Einsprüche, wenn es um das Thema Präsentieren geht. Obwohl sich auch im Kita-Bereich allmählich die Erkenntnis durchsetzt, dass es nicht reicht, gute Arbeit zu tun, sondern dass die professionelle Darstellung dieser Arbeit ebenso wichtig ist, sind alte Vorbehalte weitverbreitet. Die Gründe für das Unbehagen sind vielfältig, viele von ihnen sind durchaus nachvollziehbar:

✔ Man möchte sich nicht zu weit aus dem Fenster lehnen, nicht auffallen und sich mit seinen Äußerungen oder Aktionen möglichweise lächerlich machen. *„Wir sind schließlich eine Kindertagesstätte, kein Museum"*, könnte eine Erzieherin dem Vorschlag entgegensetzen, eine Ausstellung im öffentlichen Raum zu organisieren.

✔ *„Wir haben das doch schon immer so gemacht, und keinen hat es gestört. Unsere Eltern finden das gut so"*, könnte eine andere sagen, wenn es um den Vorschlag geht, Aushänge ansprechend mit dem PC zu gestalten.

✔ *„Wir wissen gar nicht, wie das geht. Außerdem haben wir auch gar keine Zeit, etwas Neues zu versuchen"*, heißt es an anderer Stelle. Wer auch privat keine Erfahrung mit Gestaltung, Computer und Fotografie hat, tut sich schwer, neue Methoden und Instrumente im Berufsalltag einzusetzen.

✔ *„Wer etwas wissen möchte, kann mich ja fragen"*, erwidert eine Leiterin auf die Frage nach einer schriftlichen Information über das Konzept ihrer Einrichtung.

So verständlich viele Einwände sind, so falsch liegen sie auch. Wir leben heute in anderen Zeiten als vor zehn oder zwanzig Jahren. Ein Blick in die Zeitung oder die täglichen Nachrichtensendungen genügt, um klarzumachen, wie sehr sich der Blick auf Kindertagesstätten und Krippen verändert hat. Ganz andere Erwartungen lasten heute auf den Einrichtungen als noch vor wenigen Jahren. Kitas stehen mehr als je zuvor im Fokus der Öffentlichkeit.

Das Schlagwort der frühkindlichen Bildung beherrscht die Medien und beschäftigt die Eltern. Viele möchten (zu Recht) genau wissen, was in der Kita passiert. Eltern entscheiden sich heute bewusst für eine bestimmte Einrichtung, weil sie ihren individuellen Wünschen und Erwartungen entspricht. Welcher Einrichtung sie ihre Kinder anvertrauen, ist längst nicht mehr allein vom Standort abhängig. Mindestens ebenso wichtig sind das Angebot und die pädagogische Ausrichtung. Und diese muss für alle transparent sein.

Präsentieren heißt sich offen zeigen

Ob Eltern ihre Kinder in eine bestimmte Kindertagesstätte oder Krippe schicken möchten, hängt deshalb auch ganz entscheidend davon ab, wie gut es dieser gelingt, die eigenen Stärken überzeugend zu präsentieren. Ein einladendes Erscheinungsbild, eine freundliche Atmosphäre, ansprechende Bilder und Raumgestaltung, ein sicheres professionelles Auftreten der Mitarbeiterinnen, gut gestaltetes Informationsmaterial zum Mitnehmen, kontinuierliche Präsenz in der Öffentlichkeit durch Presse-Veröffentlichungen, Plakate, Schaukästen, Schilder etc. sind deshalb einige Möglichkeiten, sich und die eigene Einrichtung „ins rechte Licht zu rücken".

Doch nicht nur die Ansprüche an die Kitas oder Krippen haben sich gewandelt. Auch wir selbst und die Eltern sind andere geworden. Das liegt an der Welt, in der wir leben. Der technische Fortschritt hat es möglich gemacht, dass Informationen immer und überall verfügbar sind. Und nicht nur das – fast jeder kann heute zum Gestalter werden, kann mit PC und Digitalkamera seine eigenen Fotobücher, Urlaubsdokumentationen, Einladungskarten entwerfen.

Der allgemeine Anspruch an die „Aufmachung" von Publikationen ist mit der Entwicklung der technischen Möglichkeiten gewachsen. Präsentationsprogramme wie PowerPoint und andere sind weitverbreitet und gehören fast zum Standard bei der Informationsvermittlung. Eltern und andere Zielgruppen kennen diese Art der Präsentation aus ihrem eigenen Berufsalltag, aber auch von anderen Einrichtungen, wie Schulen oder Vereinen. Auch die Kita tut also gut daran, den technischen Anschluss nicht zu verpassen. Gleiches gilt für Druckwerke und Aushänge. Innerhalb weniger Jahre sind nicht nur die technischen Möglichkeiten viel mehr und besser geworden, auch die Ansprüche und Erwartungen sind mit ihnen gestiegen.

Der Inhalt stimmt, die Form auch!

Wie unsere Informationen wahrgenommen werden, hat also, unabhängig von ihrem Inhalt, sehr viel damit zu tun, wie sie dargeboten werden. Wer heute noch handgeschriebene Aushänge an die Pinnwand hängt, das gut durchdachte und erfolgreich durchgeführte Projekt allein mit ein paar Fotos dokumentiert oder beim Elternabend Ideen vorträgt, ohne den Inhalt visuell aufzubereiten, darf sich über mangelnde Anerkennung nicht beschweren. Die Form, in der wir unsere Arbeit präsentieren, sollte deren Qualität widerspiegeln. Nur so kann sie von den Empfängern unserer Botschaften auch angemessen gewürdigt werden.

Was gehört zur Präsentation?

Beim Begriff Präsentation denken viele zunächst nur an Vorträge. Aber gelungene Präsentation für die Kita umfasst noch mehr Bereiche. Sie stellen Ihre Arbeit nicht allein durch das gesprochene Wort dar. Auch

✔ Ausstellungen,
✔ Plakate,
✔ Elternbriefe,
✔ Flyer und
✔ andere Druckerzeugnisse

legen Zeugnis ab von dem, was Sie und Ihr Team tagtäglich leisten. Nur wenn Sie hier überzeugend den eigenen Standpunkt darlegen, wird diese Arbeit so geschätzt, wie sie es verdient.

> **Gut zu wissen: Was heißt „präsentieren"?**
>
> Der Begriff „Präsentieren" kommt aus dem Lateinischen. Übersetzt heißt er so viel wie „jemandem etwas überreichen oder darbieten". Eng verwandt ist die „Präsentation" mit dem „Präsent" (Geschenk). Informationen ansprechend, verständlich und zielgruppengerecht aufzubereiten, ist also gewissermaßen ein Geschenk, das wir unserem Gegenüber machen – liebevoll verpackt und mit den besten Wünschen!

Anlässe, um die eigene Arbeit zu präsentieren

Eine ansprechende Präsentation der pädagogischen Arbeit sollte deshalb ab sofort ganz selbstverständlich für Sie sein! Beschränken muss sie sich auch keineswegs nur auf die „besonderen" Anlässe. Sicher, die Termine, zu denen sich die Einrichtung bewusst nach außen wendet, um Aspekte der Arbeit mit den Kindern zu zeigen, sind sozusagen die „Kür" der gelungenen Präsentation. Zu solchen öffentlichkeitswirksamen Anlässen zählen z. B.:

✔ Ausstellungen in der Kita,
✔ Ausstellungen im öffentlichen Raum,
✔ Tag der offenen Tür,
✔ Feste und Feiern,
✔ Elternabende,
✔ Informationsveranstaltungen für Eltern oder andere Zielgruppen.

Dass zu solchen Tagen besonderes Augenmerk auf die Form gelegt wird, in der Arbeitsergebnisse, Projekte oder Pläne präsentiert werden, ist klar. Auch Ihre Rede vor der Elternschaft, den Nachbarn oder dem Träger werden Sie im Vorfeld planen, vielleicht in Teilen ausformulieren und auf Karteikarten vorbereiten.

Ebenso wichtig ist neben diesen „Veranstaltungs-Rosinen" aber auch die ganz alltägliche Präsentation. Das, was oft *so nebenbei* läuft: *„Mach doch mal schnell einen Aushang über unseren Ausflug an den Fluss, die Fotos sind eben gekommen"*, heißt es vielleicht auch bei Ihnen.

„Mal schnell" ist das (verflixte) Schlüsselwort. *„Mal schnell"* kleben wir die Fotos auf einen großen Bogen Tonpapier und schreiben mit dem Filzstift eine Überschrift drüber. *„Mal schnell"* formulieren wir einen Aushang über das nächste Projekt für die werdenden Schulkinder in der Gruppe und befestigen ihn mit Klebestreifen an der Eingangstür. *„Mal schnell"* malen wir kurz vor Feierabend ein Plakat für unser Herbstfest, das wir im örtlichen Supermarkt aushängen können. *„Mal schnell"* werfen wir ein paar Stichworte über das neue Projekt auf einen Zettel, bevor wir es den Kolleginnen bei der Leitungssitzung vorstellen.

So verständlich ein solches Vorgehen ist, so falsch ist es auch. Warum? – Weil all diese Vorträge, Einladungen, Aushänge, Elternbriefe und Pinnwände tagtäglich das Bild unserer Einrichtung formen. Wie wir wahrgenommen werden, liegt in unserer Hand. Aber wer hofft, dass nur die Gelegenheiten im Gedächtnis von Eltern, Nachbarn, Träger hängen bleiben, zu denen wir uns extra vorbereitet haben, der irrt.

Präsentiert wird immer …

Das Bild einer Einrichtung entsteht aus vielen Schnappschüssen, aus unzähligen Momentaufnahmen. Natürlich ist es kein Problem, wenn „einfach mal so" ein paar Fotos angepinnt werden. Wer etwas anderes erwartet, macht sich Illusionen über die verfügbare Zeit in Kita und Krippe. Wenn Auftreten und Erscheinungsbild der Mitarbeiterinnen und des Hauses an sich stimmig sind und sorgfältige Präsentation die Wertschätzung gegenüber der eigenen Arbeit und den Kunstwerken der Kinder widerspiegelt, kann's auch mal schnell gehen. Wenn eine Einrichtung auf ihr Erscheinungsbild achtet, über ein Logo samt Geschäftsausstattung verfügt (und beides auch konsequent einsetzt), den Gebrauch des Computers für alle Mitarbeiterinnen zur Pflicht macht, ansprechende Informationsmaterialien bereitstellt und bei der Gestaltung von Aushängen, Plakaten, Ausstellungen etc. Grundsätze der Gestaltung berücksichtigt, präsentiert sie sich professionell. Ein hastig geschriebener Aushang wird dieses Bild nicht ins Wanken bringen.

Klar muss aber sein, dass wir immer präsentieren, wenn andere zuschauen, sowohl bei den erwähnten „Rosinen" als auch bei den Gelegenheiten, bei denen wir unsere Ansprechpartner nur *„mal schnell"* informieren. Zum Beispiel durch:

✔ Aushänge am Schwarzen Brett,
✔ Projektpräsentationen „für den Flur",
✔ Elternbriefe,
✔ Tür-und-Angel-Gespräche.

Es ist also notwendig, dass sich das komplette Team kontinuierlich bemüht, den hohen Standard der eigenen Arbeit auch in der Darstellung gegenüber Eltern und anderen Ansprechpartnern zu halten. Das Tolle ist: Wenn Sie sich erst einmal einige grundlegende Strategien und Methoden angewöhnt haben, brauchen Sie dafür nicht viel mehr Zeit als vorher.

Fünf gute Gründe für durchdachte Präsentationen

1. Gute Vorbereitung und ein sicheres Gefühl vor dem nächsten Vortrag ersparen stundenlanges Grübeln und hektische Last-Minute-Aktionen.

2. Wenn Farbe, Schrift und Gestaltungselemente wie das Logo einmal feststehen, verwenden Sie sie immer wieder.

3. Elternbriefe, im PC gespeichert, können in Kürze umgeschrieben und wiederverwendet werden. Für Aushänge, Elternbriefe, Kita-Zeitung und andere Druckwerke, die immer gleich aussehen sollen, eigenen sich eigene Vorlagen in Word für Windows. Mehr dazu, wie Vorlagen angelegt werden, finden Sie auf Seite 63.

4. Gleiches gilt für Einladungen, Plakate, Handzettel. Ein Entwurf aus diesem Jahr kann in drei oder vier Jahren mit wenigen Klicks angepasst und neu verwendet werden.

5. Ein gutes Hängesystem für Bilder (z. B. Schienen an der Decke, leicht zu bedienende Wechselrahmen o. Ä.) hält viele Jahre und ersetzt manche Billiglösung.

Das sind unsere Zielgruppen

Jeder weiß es: Die Kindertagesstätte ist ein weitgehend öffentlicher Raum (und die Erzieherinnen sind die Botschafterinnen dieses wunderbaren Ortes). Jedes Mal, wenn Eltern durch die Tür kommen, nehmen sie – mehr oder weniger bewusst – die Räumlichkeiten, Aushänge und Gestaltungselemente wahr. Was für Eltern gilt, trifft selbstverständlich auch auf alle anderen Besucher der Einrichtung zu:

✔ Eltern neuer Kindergarten- oder Krippenkinder, die zum Informationsgespräch kommen,

✔ Kollegen und Kolleginnen anderer Einrichtungen,

✔ Vertreter unterschiedlicher Institutionen, mit denen Sie zusammenarbeiten, z. B. vom Jugendamt über Ärzte und Logopäden bis zur örtlichen Bücherei,

✔ der Träger Ihrer Einrichtung, der Ihnen einen Besuch abstattet,

✔ ebenso wie lokale Entscheidungsträger, Geschäftsleute, mögliche Sponsoren …

Sie alle kommen in die Kita, formen sich dort ein Bild und geben es weiter. Wir sprechen deshalb auch vom „Multiplikatoren-Effekt".

Nicht zu unterschätzen: Multiplikatoren-Effekte

Multiplikatoren vervielfältigen („multiplizieren") ihren persönlichen Eindruck von der Kita, indem sie wieder anderen davon berichten. Das geschieht oft gar nicht bewusst. Dennoch ist das Bild, das auf diese Weise in der Öffentlichkeit einsteht, oft erstaunlich langlebig. Wenn ein solches Bild sich erst einmal festsetzt, bedarf es großer Anstrengung, um es wieder zu korrigieren.

Mit Präsentation den richtigen Rahmen schaffen

Umso wichtiger ist es für die Einrichtung, ihren Besuchern in jeder Hinsicht ein transparentes und professionelles Erscheinungsbild zu bieten. Wer die Darstellung der eigenen Arbeit immer nur „mal schnell" erledigt, darf sich über mangelnde Anerkennung nicht beschweren.

Entscheidend ist, dass die Form der Darstellung nach außen der Qualität der Arbeit entspricht. Das ist zwar keine Zauberei (wie Ihnen dieses Buch zeigen will), zum Nulltarif ist die ansprechende Darstellung aber auch nicht zu haben. Es erfordert Zeit, Energie und eine ausreichende Ausstattung mit technischen Mitteln, sich gut und professionell zu präsentieren. Doch der Einsatz lohnt sich! Der wertschätzende sorgfältige Umgang mit den Ergebnissen der eigenen Arbeit und den Projekten der Kinder wird vielfältige Wirkung zeigen. Wer den eigenen Blick schult für das, was es wert ist, gezeigt zu werden, entwickelt eine ganz neue Wahrnehmung der eigenen Arbeit.

Präsentation stellt gewissermaßen den Rahmen dar, der den Inhalt, die eigentliche Arbeit, erst richtig zur Geltung bringt. Vergleichbar ist das mit einem feierlich gedeckten Tisch: Das beste Essen schmeckt gleich doppelt so gut, wenn wir es gemeinsam mit lieben Menschen an einer schön gedeckten Tafel einnehmen. Edles Porzellan, eine hübsche Tischdecke, gefaltete Servietten und funkelnde Gläser verstärken den Genuss und signalisieren: Das hier ist etwas ganz Besonderes! Umso mehr werden wir die Mahlzeit genießen und der Köchin oder dem Koch das verdiente Lob aussprechen. Im Gegenzug gilt, dass die lieblose Darbietung von Papptellern an Stehtischen in einem zugigen Raum auch den Genuss an den köstlichen Speisen mindern wird. *„Das Auge isst mit"*, sagt der Volksmund zu Recht. Das gilt ebenso für unsere Arbeit.

Mit einer glatten Fassade ohne Substanz dahinter hat die professionelle Präsentation deshalb nichts zu tun – Ziel der gelungenen (Selbst-)Darstellung ist vielmehr, den unverwechselbaren Charakter Ihrer Einrichtung in allen Facetten nach außen zu tragen. Wenn es gelingt, die eigene Professionalität, die Offenheit gegenüber Eltern und Kindern und das liebevolle Miteinander in Auftreten, Worten, Druckwerken und Bildern transparent darzustellen, sprechen wir von gelungener Präsentation. Sie beschränkt sich dann nicht allein auf die besonderen Anlässe, wie Ausstellung oder Informationsveranstaltung, sondern zeigt sich täglich.

So gehen Sie an das Thema Präsentation in Kita und Krippe heran

Keine Scheu! – Verschaffen Sie Ihrer Arbeit den Rahmen, den Sie verdient. Das ist leichter, als viele vielleicht annehmen. Mit diesen Schritten können Sie beginnen:

Eindrücke in der eigenen Einrichtung sammeln

Wie präsentieren Sie sich der Öffentlichkeit? Auch wenn Sie mit den „geplanten" Aktionen, wie Ausstellung oder Elternabend, schon ganz zufrieden sind, lohnt sich der Blick auf die alltägliche Präsentation der Einrichtung. Nehmen Sie doch eine der nächsten Teamsitzungen einmal zum Anlass für einen gemeinsamen Rundgang durch Ihre Räume.

Was sehen Sie dort? Wie präsentiert sich Ihre Kita dem Besucher, der vielleicht zum ersten Mal eintritt? Bemühen Sie sich um diesen unvoreingenommenen Blick. Ein Protokoll kann helfen, die Eindrücke festzuhalten. Worauf fällt der Blick zuerst? Sind Informationen eindeutig zuzuordnen? Haben Pinnwände eine Überschrift, und sind sie klar gegliedert? Wirken Aushänge gut gemacht, oder sind sie allzu „selbstgestrickt"? Wie werden Farben eingesetzt? Ist eine einheitliche Handschrift erkennbar, oder ist der Gesamteindruck eher bunt und chaotisch? Die wichtigsten Punkte, die Sie in Ihrem Protokoll berücksichtigen sollten, finden Sie in der Übersicht auf Seite 9.

Gelungene Beispiele sammeln

Nehmen Sie mit offenen Augen wahr, wie sich andere präsentieren, und bitten Sie auch die Kolleginnen darum, schöne Postkarten, Faltblätter oder Kataloge mitzubringen. Wer sich bewusst mit Gestaltung beschäftigt, erkennt schnell, wo sie gekonnt eingesetzt wird. Es geht bei dieser Materialsammlung nicht darum, andere zu kopieren. Hilfreich kann es aber sein, wenn Sie herausfinden, was es genau ist, das Sie anspricht. Achten Sie einmal darauf, wie große Unternehmen sich darstellen. So unterschiedlich einzelne Firmen auch sein mögen, die Merkmale professioneller Darstellung sind immer die gleichen: Einheitlichkeit, Wiedererkennbarkeit, Eindeutigkeit.

Idee: Projekt-Tagebuch

Schaffen Sie ein Projekt-Tagebuch an, in das Sie regelmäßig eintragen, was in der Kita passiert. Ob Projektarbeit oder Alltag – jeder Tag bietet kleinere oder größere Höhepunkte und Berichtenswertes, das sonst vielleicht in Vergessenheit gerät. Diese Aufzeichnungen dürfen ruhig knapp sein, sie helfen Ihnen später aber, den Verlauf eines Projekts nachzuvollziehen. Auch Kommentare der Kinder werden hier festgehalten.

Protokoll für den Rundgang

Wie wirkt unsere Einrichtung von außen?

✔ Ist die Funktion als Kita eindeutig erkennbar?

✔ Hängt außen ein Schild mit Namen und/oder Logo?

✔ Gibt es einen Schaukasten mit eindeutiger Zuordnung?

✔ Ist der Schaukasten gepflegt und aktuell?

✔ Sind weitere (Schmuck-)Elemente vorhanden? (z. B. Figuren, Schriftzug am Zaun, Wandbemalung etc.)

✔ Sind Spiel- und Klettergeräte sichtbar?

✔ Befindet sich Dekoration in den Fenstern?

✔ Ist die Außenseite der Tür mit Hinweisen beklebt?

✔ Welchen Eindruck vermittelt der Eingangsbereich/ Windfang?

✔ Wie ist der Gesamteindruck? (z. B. ordentlich/unaufgeräumt, voll/eher leer, großzügig/eng)

✔ Ist ein Orientierungssystem vorhanden? (z. B. Wegweiser zum Büro, Beschriftung der Türen)

✔ Wie ist die Farbgestaltung der Wände bzw. der Einrichtung im Allgemeinen?

✔ Befinden sich im Eingangsbereich Pinnwand oder Schwarzes Brett?

✔ Ist die Zielgruppe erkennbar?

✔ Ist die Pinnwand strukturiert, aktuell und gepflegt?

✔ Sind Fotos und/oder Namen der Mitarbeiterinnen im Eingangsbereich zu sehen?

✔ Wird die Eingangstür als Info-Fläche genutzt?

Wie wirkt der Flur?

✔ Wie ist der Gesamteindruck? (z. B. ordentlich/ unaufgeräumt, voll/eher leer, großzügig/eng)

✔ Wie ist die Farbgestaltung der Wände und Einrichtungsräumlichkeiten im Allgemeinen?

✔ Wie wirkt die Einrichtung?

✔ Wie ist die Art der Beleuchtung und ihre Wirkung?

✔ In welchem allgemeinen Gesamtzustand ist der Flurbereich? (sauber, gepflegt, sicher, kindgerecht, trist, fröhlich, bunt, chaotisch, klar strukturiert)

✔ Werden unterschiedlich genutzte Bereiche durch die Einrichtung und/oder andere Elemente deutlich? (z. B. Bereiche der einzelnen Gruppen, Ausstellungsfläche, Infofläche, Spielzonen)

Wie übersichtlich sind die Räumlichkeiten und die Gestaltung?

✔ Ist ein Orientierungssystem vorhanden?

✔ Finden sich Personen zurecht, die zum ersten Mal in die Kita kommen?

✔ Machen Präsentationselemente (Plakate, Schilder, Diplome, Urkunden, Bilder, ...) die inhaltliche Ausrichtung der Kita deutlich?

✔ Werden Bilderrahmen eingesetzt oder andere Systeme für die Präsentation, wie z. B. Ausstellungsleinen, Pinnwände und/oder Schwarzes Brett?

✔ Wie sehen Pinnwände und Schwarzes Brett aus? (aktuell, überladen, gepflegt, unübersichtlich, Zielgruppe erkennbar)

✔ Wie wirkt die Präsentation als Ganzes?

✔ Kommen einzelne Elemente ausreichend zur Geltung?

Alles dokumentieren

Gewöhnen Sie sich am besten sofort daran, sämtliche Arbeits- und Projektergebnisse zu dokumentieren – für sich selbst und nicht nur für die Portfolios der Kinder. Eine eigene Dokumentation hat einen doppelten Vorteil: Zum einen dient Ihnen die Dokumentation als Gedächtnisstütze und Anregung, wenn Sie eine Präsentation planen. Zum zweiten können Sie später aus diesem Fundus an Bildern, Notizen und Zitaten schöpfen, wenn Ausstellungen oder Diashows zusammengestellt werden.

Machen Sie den Technik-Check

Eine wichtige Voraussetzung für ein professionelles Erscheinungsbild ist die gute Ausstattung mit technischen Mitteln und Materialien. Verfügt die Einrichtung über PCs, die allen Mitarbeiterinnen zugänglich sind? Beherrschen alle zumindest die Grundlagen der Textverarbeitung ausreichend, um Aushänge und Elternbriefe auf dem PC zu produzieren? Steht ein Beamer zur Verfügung, um Vorträge mit Präsentationstechnik zu begleiten? Verfügen Sie über einen Farbdrucker (und ein Budget für die passenden Patronen), um Fotos und farbige Gestaltungen auszudrucken? Wie steht es um Pinnwände, (Wechsel-)Rahmen und Hänge-Systeme im Flurbereich und in den Gruppenräumen? Steht ein elektronischer Bilderrahmen zur Verfügung (möglichst einer pro Gruppe), auf dem tagesaktuelle Bilder schnell und kostengünstig gezeigt werden? Stehen Laminier- und Bindemaschine zur Verfügung?

Das Team ins Boot holen

Präsentation ist eine Teamaufgabe. Nur wenn alle Mitarbeiterinnen sich über den Sinn professioneller Präsentation einig sind, kann das Projekt auf Dauer funktionieren. Das heißt, dass Sie das Thema *„Wie präsentieren wir uns nach außen?"* in die Tagesordnung aufnehmen und es gemeinsam verfolgen müssen. Sammeln Sie Eindrücke aller Mitarbeiterinnen! Regen Sie die Kolleginnen an, mit Eltern über das Thema zu sprechen. Finden Sie gegebenenfalls passende Fortbildungen, bei denen Mitglieder Ihrer Einrichtung sich über Präsentation und Dokumentation weiterbilden können. Hilfreich sind auch Fortbildungen für den Umgang mit neuen Medien, wie PC, Digitalkamera etc.

Zum Aufbau dieses Buches

Dieses Buch soll Sie anregen, das Thema Präsentation einmal ganz unvoreingenommen zu betrachten. Es will als Hilfestellung und Ideenkasten dienen, aus dem sich Leser je nach Situation und Interesse bedienen können. Die Gliederung orientiert sich an den Formen, in denen Präsentation in der Kita am häufigsten stattfindet:

1. Ausstellungen
2. Elternbriefe, Plakate und Flyer
3. Vorträge

Ausstellungen

Ausstellungen sind ideale Möglichkeiten, um Ihre Arbeit mit den Kindern zu präsentieren. Im kleineren Rahmen finden sie fast ständig statt, wenn Arbeiten der Kinder oder Projektfotos im Kita-Bereich vorgestellt werden. Vor allem: Ausstellungen sind der einzige Bereich von Öffentlichkeitsarbeit, bei dem die Kinder aktiv einbezogen werden können. Sie haben deshalb auch pädagogischen Wert.

Wie attraktiv eine Ausstellung ist, hängt entscheidend von ihrer Gestaltung und von dem Ort ab, an dem sie stattfindet. Ausstellungen im Kindergarten werden sicher ein anderes (kleineres) Publikum aus dem familiären Umfeld der Kinder ansprechen als Ausstellungen in öffentlichen Räumen. Veranstaltungen in öffentlich zugänglichen Räumen, wie Bücherei, Rathaus, Bank, Supermarkt, Gemeindezentrum, Seniorenheim, Sportheim oder anderen, sprechen eine breitere Gruppe an und helfen, das Bild und die Anliegen der Kita in die Gemeinde zu tragen. Auch profitieren Sie hier unter Umständen von Präsentationsmöglichkeiten wie Rahmen, Stellwänden, Beleuchtung etc., die in der Einrichtung nicht immer zur Verfügung stehen.

Welche Anlässe sich für Ausstellungen anbieten, wie (Digital-)Fotos wirklich gut gelingen, wie Bilder optimal gehängt und angeordnet werden und welche anderen Fakten eine Ausstellung zum Erfolg werden lassen, darum geht es im ersten Teil dieses Buches.

Elternbriefe, Plakate und Flyer

Mit Flyern zur Selbstdarstellung, Plakaten und Aushängen präsentieren Sie Ihre Arbeit in schriftlicher Form. Diese Materialien setzen Sie sowohl vor Ort in der Kita als auch außerhalb, z. B. in Geschäften, Arztpraxen, im Rathaus etc., ein. Das heißt zum einen, dass die Reichweite für Ihre Informationen steigt. Es bedeutet aber auch, dass Ihre geschriebenen Informationen „für sich" sprechen müssen. Es ist darum besonders wichtig, dass Sie hier auf die ansprechende und überzeugende Darstellung achten.

Wie Sie auch als Nicht-Grafiker ansprechende Druckwerke herstellen können, welche Regeln Sie für den Einsatz von Farbe und Schrift beachten sollten und wie ein ansprechendes Layout für unterschiedliche Kommunikationsmedien entsteht, das erfahren Sie ab S. 55.

Vorträge

Das gesprochene Wort macht einen Großteil der „Präsentationen" in der Kita aus. Das glauben Sie nicht? Dann überlegen Sie doch einmal, wann Sie mit anderen Personen über Ihre Arbeit sprechen. Sie werden sehen: Vorträge und Projektpräsentationen, Teambesprechungen oder Kurzvorstellung der Einrichtung, Tür-und-Angel-Gespräche mit Eltern oder Besuch von

Politikern oder Entscheidungsträgern – die freie Rede gehört zum Alltag in der Kita.

Was oft vergessen wird: Wie eine Rede bei ihren Zuhörern ankommt, ob sie wirkt, überzeugt und begeistert, hängt nicht allein vom Inhalt ab. Im Gegenteil – schon bevor das erste Wort gesprochen wurde, entscheidet sich oft, ob eine Rede zum Erfolg oder Flop wird. Verantwortlich dafür ist die so genannte „non-verbale" Kommunikation. Zu dieser nicht-sprachlichen Kommunikation zählen:

- ✔ Körperhaltung und Bewegung,
- ✔ Gestik (Gebärden),
- ✔ Mimik (Gesichtsausdruck) und Blickkontakt,
- ✔ Stimme,
- ✔ Pausen.

Wissenschaftliche Untersuchungen haben sogar ergeben, dass der Erfolg eines Vortrags nur zum geringsten Teil von seinem (gesprochenen) Inhalt abhängt. Dagegen tragen Körperhaltung, Gestik und Blickkontakt prozentual gemessen über 50 Prozent zu Ihrer Wirkung bei.

Wie es gelingt, die Körpersprache zu optimieren, und welche Signale der Sicherheit Ihr Körper aussenden kann, darum geht es im dritten Teil. Außerdem finden Sie hier Tipps und Kniffe für die Vorbereitung eines Vortrags und zahlreiche Anregungen, wie Sie Ihre Informationen abwechslungsreich vermitteln können.

Noch ein Gedanke, bevor es losgehen kann

Präsentationen in Kita und Krippe sind ein wunderbarer Anlass, die eigene Arbeit zu reflektieren. Sie bieten die Möglichkeit, das Wesentliche und Wichtige zu sehen, das im Alltag vielleicht so manches Mal aus dem Blick gerät. Um zu verdeutlichen, was in der Einrichtung geschieht und geleistet wird, müssen wir einmal wieder genauer hinsehen. Das kostet Zeit und einige Mühe, macht aber auch viel Freude. Nicht zuletzt führen Präsentationen so auch dem Team wieder vor Augen, worauf alle gemeinsam stolz sein können.

Dieses Buch ist wie ein Werkzeugkoffer, in dem Sie Anregungen für die nächste Präsentation, Ausstellung oder Ihren nächsten Vortrag finden. Manches kennen Sie vielleicht schon, anderes lernen Sie neu dazu. Aber denken Sie daran: In der Gestaltung und Präsentation kann es nur Empfehlungen geben, keine festen Regeln. Ausschlaggebend sind letztlich immer Ihre Einschätzung und Ihr Geschmack. Sie werden die Ideen und Methoden in diesem Buch immer nach Ihren individuellen Anforderungen anpassen und verändern, und das ist auch genau so gedacht.

Nur Mut, probieren Sie aus, seien Sie kreativ, schauen Sie hin, welche (ungeahnten) Möglichkeiten sich Ihnen eröffnen …

Beim Umsetzen der Ideen und bei der Auseinandersetzung mit dem „Erzählenswerten" in Ihrer Einrichtung wünsche ich Ihnen nun viel Freude und Erfolg!

Ulrike Lindner

Ausstellungen –
Sprechende Wände

„Liebe Eltern, liebe Freunde der Kita Sonnenschein!

Sechs Monate lang haben wir uns mit dem Thema „Kinder der Welt" beschäftigt. Wir haben uns informiert, haben Bücher angesehen, im Museum gestaunt, unterschiedliche Gerichte probiert und viele Länder der Welt in Bild und Ton kennengelernt. Unsere eigenen Vorstellungen haben wir in vielfältiger Form umgesetzt – in Bildern, Schmuckstücken, Musik, Tanz und vielem mehr. Am 12. Juni wollen wir Ihnen all das vorstellen – in unserer Ausstellung „Kinder der Welt". Wir laden Sie ganz herzlich ein zur Ausstellungseröffnung um 12:00 Uhr! Als Ausstellungsführer werden die Kinder Ihnen alles zeigen, danach freuen wir uns auf ein gemeinsames Beisammensein bei einem leckeren „Welt-Buffet".

Bitte melden Sie sich mit dem Coupon an, damit wir besser planen können. Viele Dank! Wir freuen uns auf Sie, Ihr Kita-Team!"

Ausstellungen sind ideal geeignet, um die Kita-Arbeit auf den Punkt gebracht vorzustellen. Was kann es Schöneres geben, als nach langer Vorbereitung die tollen Bilder, Objekte und anderen Exponate zu präsentieren, die im Rahmen eines bestimmten Projektes angefertigt wurden? Wer wüsste nicht, wie stolz Kinder und Eltern dann auf „ihre" Kita sind, wenn die Arbeiten der letzten Wochen wie im Museum präsentiert werden? Mancher erstaunte Blick ist dann zu sehen, vielen Eltern wird erst jetzt klar, was hier alles in den letzten Wochen und Monaten passiert ist.

Auf den folgenden Seiten erhalten Sie zahlreiche Anregungen, Tipps, Ideen und Methoden, wie Sie Ihre pädagogische Arbeit professionell in Form von Ausstellungen präsentieren können.

Wieso, weshalb, wozu? –
Drei gute Gründe für Kita-Ausstellungen

Ausstellungen sind Öffentlichkeitsarbeit

Die Ausstellung ist ein ideales Instrument der Öffentlichkeitsarbeit – besonders dann, wenn wir uns mit unseren Exponaten wirklich einmal nach „draußen" wagen. Ausstellungen im öffentlichen Raum (z. B. in der Bank, dem Supermarkt, Gemeindezentrum, Rathaus etc.) erreichen eine breite Öffentlichkeit. Interne Präsentationen werden im Wesentlichen von Eltern und Familienangehörigen wahrgenommen und besucht.

„Das haben wir erreicht!"

In Ausstellungen werden die Dinge konzentriert dargestellt, wie im Zeitraffer auf den Punkt gebracht. Von diesem Prozess profitieren auch die Erzieherinnen. Durch das Planen einer Ausstellung verändert sich der Blick auf das scheinbar Alltägliche: Gezwungenermaßen blicken wir mit den Augen von Fremden auf unsere Arbeit, wenn entschieden wird, was in welcher Form ausgestellt wird. Dieser distanzierte Blick öffnet oft erst wieder die Wahrnehmung dafür, was alles besonders und ausstellenswert ist. So können Ausstellungen Anstoß dafür sein, die eigene Arbeit selbstbewusst wahrzunehmen, und können als Auslöser für neue Entwicklungen im Team dienen.

Von Anfang an dabei: die Kinder

Vor allem: Ausstellungen bieten die Möglichkeit, die Kinder von Anfang an einzubeziehen, weil jene in der Regel Projekte abschließen oder Kita-Arbeit sichtbar machen. Das sollten die Erzieherinnen nicht alleine planen. Bei der

✔ Produktion und Auswahl der gezeigten Objekte,
✔ Anordnung und Beschriftung,
✔ Organisation von kurzen Führungen

arbeiten die Kinder nach Möglichkeit mit. Schließlich geht es um ihre Einrichtung, ihren Alltag, ihre Entdeckungen, Erlebnisse oder Kunstwerke. Ausstellungen sind somit auch ein pädagogisches Instrument. Gemeinsam lernen wir, wie und was präsentiert wird. Gemeinsam lassen wir das Erreichte Revue passieren, und gemeinsam freuen wir uns über das Interesse der Besucher.

Ausgestellt werden Arbeiten der Kinder, Fotos aus dem Alltag und von Projekten, Projektabläufe und Protokolle, Zeitungsausschnitte, Gegenstände und Objekte, Bastelarbeiten, …

Anlässe für die nächste Ausstellung

Anlässe für Ausstellungen finden sich in jeder Einrichtung reichlich. Man muss nur genau hinsehen, dann erschließt sich schnell, welche Fülle an Inhalten zur Verfügung steht, um daraus eine spannende Ausstellung zu machen. Zum Beispiel:

✔ **Projekte** zu einem bestimmten Thema, einer Jahreszeit o. Ä., die erfolgreich abgeschlossen wurden und über die nun in einer Collage aus Ergebnissen und Dokumentation berichtet werden soll.

✔ **Kunst** und Produkte der Kinder in allen Formen: Vom Bild über Bastelarbeiten, vom Werkstück aus verschiedensten Materialien bis zum selbstgemachten Foto – Kinder sind kreative Künstler, deren Werke alle Male eine Ausstellung wert sind.

✔ **Making of.** Haben Sie schon einmal eine Dokumentation verfolgt, die zeigte, wie ein Film, Theaterstück o. Ä. entstand? Dann wissen Sie, dass die Entstehungsgeschichte oft ebenso interessant sein kann wie das fertige Ergebnis. Dokumentieren Sie also einmal den Entstehungsprozess eines Projektes, machen Sie Protokolle Ihrer Dienstbesprechung, Ergebnisse Ihrer Fortbildung und Kommentare der Kinder zu einem eigenen Teil der Ausstellung (z. B. in Form einer Wandzeitung). Zeigen Sie nicht allein die fertigen Bilder, stellen Sie Materialien, Exponate in unterschiedlichen Stadien der Fertigstellung und Materialien, die Sie angeregt haben, ebenso aus wie Fotos vom Prozess. Besonders kreativ und spannend wird die Gestaltung einer solchen „Making of"-Ausstellung, wenn Sie die Kinder als aktive Ausstellungsmacher einbeziehen.

✔ **Jubiläen** oder andere wichtige Ereignisse in der Kita (oder Kommune), wie „25 Jahre Kita Sonnenschein" oder „100 Jahre Kinderbetreuung in unserem Dorf", sprechen einen breiten Personenkreis an, der auch über die aktuelle Elternschaft herausreichen kann.

✔ **Pädagogische Themen**, die einmal in den Blickpunkt gerückt werden, z. B. *„Heute bin ich mal die Mutter – Was Kinder im Rollenspiel erleben"*.

✔ Das **pädagogische Konzept** der Kindertagestätte selbst: „Unsere Kita – unser Konzept". Solche Inhalte eignen sich für Ausstellungen innerhalb der Kita ebenso wie für die externe Darstellung, z. B. im Rahmen von Messen oder Informationsveranstaltungen.

✔ **Information** über bestimmte (Förder-)Angebote in der Einrichtung, wie Experimentieren, Sprachförderung, musikalische Früherziehung etc.

✔ **Verkaufsausstellungen** sind eine Sonderform der Ausstellung, auf die hier nicht weiter eingegangen werden soll.

So eine Mini-Ausstellung passt auf jede Fensterbank –
Eltern und Kinder freuen sich darüber.

Ergebnisse und Fotos vom Arbeitsprozess
mit kleinen Beschreibungen.

Auch im kleinen Rahmen ein Hingucker: Flurpräsentationen als Mini-Ausstellungen

Nicht jede Ausstellung muss gleich mit Eröffnung, Presseinformation und viel Drumherum gefeiert werden. Manchmal eignet sich der Rahmen nicht, vielleicht weil nur ein Teilaspekt der Arbeit, wie ein Ausflug oder eine kurze Bastelarbeit, mit der Ausstellung gewürdigt wird. Manchmal reichen vielleicht einfach die Zeit oder die personellen und finanziellen Kapazitäten nicht aus, um einen größeren Event zu veranstalten. Deshalb sprechen wir auch dann von Ausstellung bzw. Präsentation, wenn Fotos, Bilder oder andere Exponate in der Kita gezeigt werden.

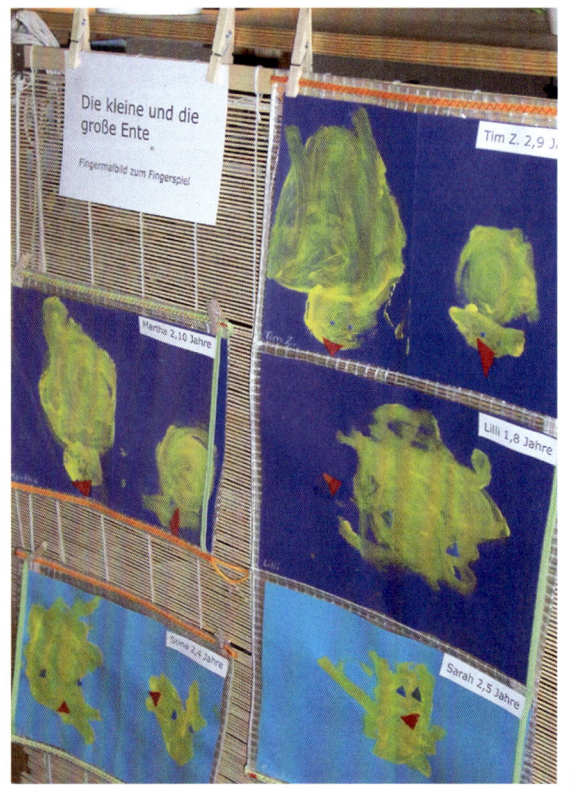

Tolle Idee und schnell gemacht –
Kunstwerke mit Beschriftung versehen und
an einem Bambusrollo festgeklammert.

Auch auf Tonkarton werden die Bilder bündig
angeordnet und mit PC beschriftet.

Eltern informieren, überzeugen und begeistern

Entgegen allen Zweifeln –
Tipps zum Planen und Vorbereiten

„Das ist doch alles nichts Neues."
„Wir haben nicht genug Material, um aus diesem Thema eine Ausstellung zu machen."
„Wer soll sich darum denn kümmern?"
Keine Frage – die Präsentation von Arbeitsergebnissen ist ein zusätzlicher Aufwand für Leitung und Team. Besonders dann, wenn sie im größeren Rahmen geplant ist. Dennoch – die vielen Vorteile sollten die Bedenken überwiegen. Schließlich wünschen wir uns die Bestätigung von außen, wollen zeigen, was in der Einrichtung geleistet wird, und möchten für Unterstützung unserer Anliegen werben. Schön, wenn dann auch alle Teammitglieder mit im Boot sitzen – ohne sie geht es ohnehin nicht. Um sich die Arbeit etwas leichter zu machen und von Anfang an mit Elan an die Planung zu gehen, helfen die folgenden Hinweise:

Das macht Lust aufs Präsentieren

1. Machen Sie es sich zur Regel, alles zu **dokumentieren**. Ein allgegenwärtiger Fotoapparat (nach Möglichkeit in jeder Gruppe), ermöglicht es Ihnen und den Kolleginnen, das Bemerkenswerte im Alltag festzuhalten. Daraus entstehen oft die besten Ideen für Ausstellungen.

2. Bemühen Sie sich um **einen frischen Blick** auf bekannte Inhalte. Was für Sie und Ihre Kolleginnen alte Hüte sein mögen, ist für die meisten Eltern völlig neu. Und: Auch altbekannten Themen lassen sich neue Aspekte abgewinnen, wenn Sie im Team gemeinsam darüber nachdenken. Stellen Sie doch statt der Fotos vom letzten Zoo-Ausflug eine Collage zusammen aus Fotos, Zitaten der Kinder, Tierbüchern, gemalten Bildern und Nachrichten an die Tiere. Oder ergänzen Sie die Beschriftung der Exponate um Erklärungen der Kinder.

3. Ihre **Konzeption** – ein tolles Thema! Sie haben Ihre Konzeption überarbeitet oder neu formuliert? Dann sollten Sie diese Arbeit öffentlich machen. Überlegen Sie gemeinsam mit den Kolleginnen, wie Sie die pädagogische Ausrichtung Ihrer Kita in einer Ausstellung „be-greifbar" machen. Ein guter Start könnte eine Fotodokumentation sein, bei der Sie festhalten, auf welche vielfältige Weise Ihre pädagogischen Ziele im Kita-Alltag verfolgt werden. Nicht nur die Eltern werden staunen!

4. Jede Ausstellung, ob klein oder groß, braucht einen **Titel**. Bemühen Sie sich um eine ansprechende, bildhafte Formulierung, die neugierig macht oder in den Köpfen der Angesprochenen einen Film in Gang setzt. Überschreiben Sie die Bilder vom letzten Ausflug statt *„Unser Ausflug an die Wabe"* besser mit der rhetorischen Frage *„Was schwimmt denn da?"*. Die schlichte *„Waldwoche"* verwandelt sich dann in das abenteuerlustige *„Wild im Wald"*.
Ideen für ansprechende Überschriften, die neugierig auf mehr machen, entwickeln Sie am besten gemeinsam mit den Kolleginnen. Suchen Sie nach Bildern (*„Unser Projekt ist wie ..."*), nach Zitaten (*„Pack die Badehose ein ..."*) und Redewendungen (*„Übermut tut selten gut?"*) oder Reimen (*„Gesund beginnt im Mund"*).

5. Ausstellungen haben immer eine **Bildebene** und eine **Textebene**. Erst durch die Beschriftung werden Kinderzeichnungen und andere Exponate informativ, erst so können Eltern das Gesehene einordnen und entsprechend würdigen. Schenken Sie den Beschriftungen deshalb besondere Aufmerksamkeit, etwa indem Sie mit dem PC oder in Schönschrift gut lesbar schreiben. Auch Projektbeschreibungen oder Protokolle gehören zur Textebene, auch sie helfen, das Gezeigte einzuordnen und zu verstehen.

✔ Kita-Projekte originell dokumentiert ✔ Flyer, Einladungen und Aushänge ✔ Präsentationen mit Aha-Effekt

6. Arbeiten Sie **professionell**. Beschriftungen sollten gut lesbar (mindestens 14 Punkt Schriftgröße) mit dem PC ausgeführt werden, Bilder erhalten einen Rahmen, die Beleuchtung stimmt, Fotos werden geordnet aufgeklebt. Mit einer guten Präsentation werten Sie Ihre Exponate auf – das sind Sie sich, Ihrem Team und den Kindern schuldig.

7. **Delegieren** Sie von Anfang an die Aufgaben. Eine Kollegin ist für den Aufbau zuständig, eine andere achtet darauf, kleinere Schäden zu reparieren, und wieder eine andere kümmert sich um das Abbauen. So vermeiden Sie, dass Einzelne das Gefühl haben, alles bliebe an ihnen hängen.

8. Von Anfang an können auch der **Elternrat** bzw. Mitglieder der Elternschaft einbezogen werden. Viele Eltern sind gern bereit, sich mit ihrem Know-how zu engagieren – das kann z. B. Hilfe beim Transport und Aufhängen an einem externen Ausstellungsort sein, Unterstützung bei der Gestaltung und Produktion von Plakaten, Zurverfügungstellen von Exponaten oder auch die gern gesehene Bestückung eines Kuchenbuffets sein. Versuchen Sie grundsätzlich, Eltern entsprechend ihrer Möglichkeiten zu beteiligen und sie nicht aufs Kuchenbacken zu reduzieren.
    Auch die **Kinder** können von Beginn an Teil der Planungen sein. Besprechen Sie die Präsentation in den Gruppen, hier finden sich garantiert eifrige Helfer und tolle Ideengeber. Kinder sind nicht nur Künstler und Forscher, sie sind auch als Ausstellungsführer, Einladungsschreiber und Kommentatoren eine unverzichtbare Hilfe.

9. Wenn es sich anbietet, nutzen Sie die **Kompetenz von externen Partnern**. Das kann die Krankenkasse sein, deren Know-how und Info-Material Ihre Ausstellung über „Gesunde Ernährung" ergänzt. Oder die Bankfiliale, die Ihnen den Raum zur Verfügung stellt, um Kinderbilder einmal außerhalb der Kita zu präsentieren. Oder eine andere Einrichtung, mit der Sie gemeinsam einen Stand auf dem Markt oder im Rathaus gestalten. Zusammenarbeit mit einem Partner erleichtert in der Regel Ihre Arbeit und eröffnet Ihnen neue Möglichkeiten und Gestaltungsspielräume.

10. Machen Sie den **Raum-Check**! Welche Möglichkeiten bieten Flur, Gruppen- und andere Räume? Wo können Sie optimieren, welche Bereiche sind ungenutzt, welche bereits zu voll? Wie schaffen Sie Einheitlichkeit im Raumeindruck? Bereits kleine Veränderungen, wie die einheitliche Ausrichtung aller Bilder innerhalb eines Sichtfelds (Raum oder Flur), eine durchgängige Farbwahl bei Rahmen, Passepartouts oder Untergründen, sorgen für optische Ruhe. Auch eine Reduzierung allzu vieler Farben macht aus einem chaotischen einen geordneten Eindruck.

11. Setzen Sie sich eine klare **Frist**, wie lange Ihre Ausstellung laufen soll, und halten Sie sich daran. Kaum etwas wirkt trauriger als verblichene Plakate mit Fotos, die schon seit Monaten im Flur hängen und von niemandem mehr wahrgenommen werden.

Tipp

Alle Exponate (auch „nur" Fotowände) werden mit einem Datum versehen. So sehen Sie jederzeit, wie lange die Bilder bereits hängen – eine gute Möglichkeit, sich selbst zu disziplinieren.

Trommeln gehört zum Handwerk –
Ausstellungen bekannt machen

Ausstellungen haben eine tolle Außenwirkung, wenn sie auch von außen wahrgenommen werden. Zum Teil gelingt das natürlich von selbst, weil Eltern ständig in der Kita sind und jede Präsentation in „ihrer" Einrichtung ohnehin wahrnehmen. Verstärkt wird dieses „natürliche" Interesse, wenn die Kinder bewusst in die Konzeption und Gestaltung einbezogen sind. Wichtig in diesem Zusammenhang: Präsentieren Sie immer Werke *aller* Kinder, sowohl vor Ort als auch bei externen Auftritten.

Wenn Sie in größerem Rahmen ausstellen, nach draußen gehen und auch andere Zielgruppen ansprechen möchten, müssen Sie aber zusätzlich für Ihre Ausstellung werben. Zu den typischen Werbemaßnahmen gehören

✔ Plakate,
✔ Einladungen oder Handzettel,
✔ Pressearbeit,
✔ Eröffnungsfeier.

Was beim Anfertigen von Plakaten und Aushängen zu berücksichtigen ist, erfahren Sie im Kapitel „Elternbriefe, Plakate und Flyer" ab Seite 55.

Ausstellungen eröffnen – Vernissage

Eine Eröffnungsfeier (im Kunstjargon „Vernissage" genannt) gehört zu jeder größeren Ausstellung. Die Vernissage bietet eine Plattform, um möglichst viele Interessenten auf Ihre Ausstellung (und auf die Einrichtung!) aufmerksam zu machen.

Diese Veranstaltung können Sie ganz nach Ihren Möglichkeiten und Ideen gestalten. Von der Eröffnung im Rahmen des Morgenkreises, zu der auch die Mitglieder des Elternrats eingeladen werden, über einen ersten gemeinsamen Rundgang beim „Tag der offenen Tür" bis zur Ausstellungseröffnung mit Eltern, Freunden und Pressevertretern am Nachmittag ist alles denkbar.

Es muss übrigens nicht immer die Eröffnung sein, zu der eingeladen wird. Manchmal werden wir vom Interesse an einem präsentierten Thema überrascht und wünschen im Nachhinein mehr öffentliche Aufmerksamkeit. Oder ein Projekt zieht sich lange hin, sodass wir zwischendrin den Stand der Dinge präsentieren möchten. In diesen Fällen laden wir ein zur „Finissage".

Ausstellungen beenden – Finissage

Im Flur hängen schon länger die tollen Fotos vom Projekttag, und Sie wollen sie nicht einfach sang- und klanglos abnehmen? Dann könnte eine Finissage Gelegenheit bieten, zum Ende dieser Ausstellung noch einmal den schönen Tag und alles, was erarbeitet wurde, Revue passieren zu lassen. Ergänzen Sie das bereits Bekannte mit einigen zusätzlichen neuen Elementen – einer Dia-Show, einer PowerPoint-Präsentation, einer Aufführung der Kinder, einem Buffet und einer Musikeinlage. So machen Sie klar, warum jetzt gefeiert wird, und animieren die Eltern zum Teilnehmen.

Tipp

Die Finissage ist eine gute Lösung, wenn Sie versäumt haben, Ihre Ausstellung richtig zu eröffnen, und sich jetzt wünschen, mehr Aufmerksamkeit dafür zu bekommen. Oder wenn Sie merken, dass Ihr Thema auf viel Interesse stößt – wenn Eltern Sie etwa auf die schönen Bilder oder das spannende Konzept ansprechen. Auch dann kann eine Finissage Anlass sein, mit dem Abschluss der Ausstellung auch das Projekt oder Thema abschließend zu würdigen. Ideal können Sie einen solchen feierlichen Abschluss auch im Rahmen eines Elternabends feiern.

Ausstellungen als Zwischenbericht

Ihr Projekt läuft über einen längeren Zeitraum, und Sie haben den Eindruck, das Team könnte Feedback, Bestätigung oder einen Motivationsschub gut gebrauchen? So etwas kommt öfter vor – Projektarbeit umfasst schnell einmal mehrere Monate. Umstrukturierungsmaßnahmen oder Konzeptionsentwicklung sind ebenfalls nicht in wenigen Wochen zu schaffen.

Dann laden Sie doch zum Zwischenbericht über das laufende Projekt ein, und informieren Sie über Erreichtes und noch zu Schaffendes. Stellen Sie mit Fotos, Zeichnungen, Werkzeugen, Auszügen, Protokollen, Zeitungsartikeln und Objekten dar, wie weit Sie gekommen sind. Nutzen Sie die Ausstellung, um Feedback einzuholen – per Fragebogen, im Gespräch oder mit anderen Instrumenten wie dem „Wunschbaum". Jetzt haben Sie die Gelegenheit, sich durch Rückfragen zu vergewissern, dass Sie auf dem richtigen Weg sind. Und überdies ist diese Ausstellung dann auch die Gelegenheit, um die erneute Unterstützung und Mithilfe der Eltern für Ihr Projekt einzuholen oder sich für das Erreichte feiern zu lassen.

Pressearbeit

Begleitet wird die Ausstellung von Pressearbeit. Laden Sie Pressevertreter unbedingt ca. eine Woche vorher mit einem höflichen Brief zur Eröffnung oder Finissage ein. Weisen Sie schon in der Einladung darauf hin, dass spannende Fotomotive vorhanden sein werden (*„Um 15:30 Uhr stehen die Kinder zusammen mit ihren Erzieherinnen gern für ein Foto zur Verfügung"*). In der Regel wird die Zeitung sich nicht bei Ihnen melden, um zu bestätigen, dass jemand kommt. Sie können aber am Tag vorher durchaus anrufen und nachfragen, ob ein Besuch vorgesehen ist.

Ganz wichtig: Wenn ein Pressevertreter kommt, muss ein Teammitglied als Ansprechpartner zur Verfügung stehen. Kaum etwas macht einen schlechteren Eindruck, als einen Journalisten einfach links liegen zu lassen.
Gut zu wissen: Journalisten sind vielbeschäftigt und können nicht jeden Termin wahrnehmen. Wenn trotz einer rechtzeitig abgeschickten schriftlichen Einladung niemand kommt, muss das nicht heißen, dass grundsätzlich kein Interesse an Ihrer Ver-

anstaltung besteht. Vielleicht waren alle verfügbaren Mitarbeiter mit anderen Terminen ausgelastet, vielleicht hat sich ein vorheriger Termin verlängert.

Schicken Sie am besten noch am Tag Ihrer Veranstaltung (z. B. der Ausstellungseröffnung), spätestens aber am Folgetag per E-Mail ein Foto mit einem kurzen Text an Ihre örtliche Presse. Versorgen Sie auch die kostenlosen „Anzeigenblätter" mit diesen Informationen, regionale Blätter sind für Nachrichten aus dem Stadtteil oder Ort besonders empfänglich. Suchen Sie ein oder zwei gute Bilder von der Veranstaltung aus, und senden Sie sie als Anhang mit. Die meisten Digitalkameras machen Bilder im jpg-Format, das für die Zeitung ohne Weiteres zu verwenden ist. Schicken Sie aber nur wenige ausgewählte Bilder mit, sonst wird die Mail zu umfangreich.

Tipp

Bereiten Sie für die örtliche Presseredaktion eine kurze Zusammenfassung vor, in der die wichtigsten Fakten zu Ihrer Ausstellung stehen. Das geht entweder als kurzer Pressetext oder auch stichwortartig: Titel der Ausstellung, Zielsetzung, Inhalte, Laufzeit, Vorbereitung, Beteiligte, Umfang, besondere Fakten und was sonst noch wissenswert ist … So erreichen Sie die Presse, auch wenn kein Pressevertreter Ihre Ausstellung besucht hat.

Fügen Sie Bilder bei, denn Bilder erhöhen grundsätzlich die Chance einer Veröffentlichung, und Kinder zählen sowieso zu den beliebtesten Motiven. Achtung: Vergewissern Sie sich vorher, ob die abgelichteten Personen bzw. die Eltern der Kinder einverstanden wären, wenn ihr Bild in der Zeitung erscheint.

Auf einen Blick: Das sollte in keiner Presse-Einladung fehlen

✔ Name, Logo, Anschrift und Kontaktdaten der Kita (Schreiben Sie auf Geschäftsausstattung, bzw. versehen Sie Ihre E-Mail mit einer Signatur.)

✔ Ansprechpartner/in in der Kita mit vollem Namen und Funktion

✔ Evtl. Durchwahl und/oder persönliche E-Mail sowie Zeiten, in denen die Ansprechpartnerin erreichbar ist

✔ Kopfzeile lautet „Presse-Einladung"

✔ Datum

✔ Persönliche Anrede (Achtung: Namen unbedingt korrekt schreiben! Wer die Redakteure sind, erfahren Sie durch einen Blick in das Impressum der Zeitungen.)

✔ Alle notwendigen Fakten: Titel der Ausstellung, Datum, Ort und Zeitpunkt der Eröffnung, kurze Beschreibung der Inhalte

✔ Evtl. Zeitplan (unbedingt Veranstaltungsbeginn und geplantes Ende)

✔ Weitere wissenswerte Informationen, z. B. Fotomotive, prominente Gäste (Kommt vielleicht der Bürgermeister? Ehemalige Kindergartenkinder?)

✔ Kita-Projekte originell dokumentiert ✔ Flyer, Einladungen und Aushänge ✔ Präsentationen mit Aha-Effekt

Planung für unsere Ausstellung

Haben wir unsere Ziele festgelegt?

❑ Was wollen wir mit der Ausstellung erreichen? Informieren, Mithilfe erreichen, Verhalten ändern …

❑ Welche Vorstellungen, Wünsche, Erwartungen bestehen bei Erzieherinnen, Kindern und Eltern?

❑ Was gehört auf jeden Fall in die Ausstellung? Was macht unser Thema/unsere Arbeit greifbar?

Sind die Rahmenbedingungen geklärt?

❑ Was genau stellen wir aus? (Fotos, Zeichnungen, Objekte, Dokumente, Bilder, Schriftbeispiele, Protokolle, Zeitungsausschnitte, Filme, Tonaufnahmen, …)

❑ Welchen Rahmen soll unsere Ausstellung haben? (klein, mittel, groß, nur intern für Team, Eltern und Kinder, mit Außenwirkung)

❑ Welche Räumlichkeiten nutzen wir? (Flurbereich, Gruppenräume, andere Räumlichkeiten wie Bewegungsraum, Küche etc.? Intern oder auch extern?)

❑ Welcher Zeitrahmen schwebt uns vor?

❑ Wie können wir die Kinder bei der Planung und Durchführung einbeziehen? (Auswahl der Exponate, Führungen, Basteln von Objekten zur Ausstellung, wie Schlüsselanhänger, Eintrittskarte, …)

❑ Welche technischen Voraussetzungen benötigen wir? (Bilderrahmen, Passepartouts, Hängung, Tische oder andere Standflächen für Objekte, Monitor, Flipchart, Stellwände, Beleuchtung, Beschriftung, …)

❑ Was ist vorhanden, was muss besorgt werden? Welches Budget steht zur Verfügung? Wen können wir ansprechen, der uns mit Material unterstützt?

❑ Wie viele Erzieherinnen sind beteiligt? Wer ist für was zuständig?

❑ Wer kann uns noch helfen? (Eltern, Vereine, Gemeinde, Nachbarn, andere Einrichtungen)

❑ Liegt eine Einverständniserklärung der Eltern für die Präsentation/Veröffentlichung von Fotos etc. vor?

❑ Führen wir eine offizielle Eröffnung durch? Oder informieren wir per Aushang, Elternbrief, Plakat über den Beginn?

❑ Wie werben wir für unsere Ausstellung? (Plakate, Handzettel, Elternbrief, Aushang? Wer kümmert sich darum?)

❑ Wird die Presse eingeladen oder nur informiert? Wer kümmert sich darum? Wer steht als Ansprechpartner zur Verfügung?

Ist der Ablauf geplant?

❑ Wann passiert was? (Fertigstellen, Werbung, Pressearbeit, Einladungen, Eröffnung, Abbau)

❑ Welche Aufgaben übernehmen die Kinder?

❑ Wer dokumentiert den Ablauf?

❑ Wie holen wir Feedback ein? (Feedbackrunde im Team, Elterngespräche, Fragebogen, …)

❑ Wie lernen wir aus dem Erreichten fürs nächste Mal? (Erfahrungen schriftlich zu fixieren, ist ein gutes Mittel, um Lerneffekte festzuhalten und zu konkretisieren.)

© Verlag an der Ruhr | Ulrike Lindner | ISBN 978-3-8346-0827-7 | www.verlagruhr.de

Eltern informieren, überzeugen und begeistern

Auf das WIE kommt es an –
Ausstellungen ansprechend gestalten

Ausstellungen in der Kita (oder außerhalb) sind immer eine tolle Sache. Team, Kinder und Eltern erleben anhand von Fotos und anderen Dokumenten noch einmal, was alles geleistet wurde. Die Ausstellung von Kunstwerken und Bildern wertet diese in den Augen aller Betrachter auf. Das macht stolz und motiviert zu neuen Höhenflügen und weiteren Projekten. Auch für das Team stellt eine gelungene Ausstellung einen beträchtlichen Motivationsschub dar. Image und Selbstbewusstsein werden durch das öffentliche „Zurschaustellen" verbessert und gestärkt.

Das gilt selbstverständlich nicht allein für die große Jubiläums-Ausstellung zum 20-jährigen Eröffnungstag der Kita. Unabhängig von Umfang und Thema, wird auch die überschaubare Flur-Präsentation zum ästhetischen Vergnügen, wenn Sie sie mit Schautafeln, Beschriftungen, einer nachvollziehbaren thematischen Gliederung, Objekten und Dokumenten anreichern. Dabei kommt es neben der Qualität der ausgestellten Exponate ganz entscheidend auf die Art der Präsentation an. Auch mit einfachen, kostengünstigen Grundmaterialien lassen sich mit etwas Kreativität schöne Präsentationsideen umsetzen, die weder viel kosten noch zu viel Arbeitsaufwand erfordern. Lesbare und informative Beschriftungen helfen, das Gesehene einzuordnen und entsprechend zu würdigen.

Auf einer Staffelei lassen sich größere Exponate gut ausstellen.

Bilder, Texte und Objekte präsentieren

Allein durch die Kombination unterschiedlicher Exponate (z. B. Bilder, Texte, Objekte) wird aus einer schlichten Fotowand eine interessante Ausstellung. Sorgen Sie nach Möglichkeit neben der inhaltlichen Abwechslung auch für unterschiedliche Ebenen und Formen bei der Präsentation (z. B. an die Wand gehängt, im Raum schwebend, auf Tischen, im Freien). Das macht die Ausstellung abwechslungsreich. Außerdem bietet es sich beim Zusammenstellen an, auch verschiedene inhaltliche Ebenen einzubeziehen. Neben den beliebten Tonpapierbögen, auf die Fotos aufgeklebt werden, eignen sich für Ihre Ausstellungspräsentation:

- ✔ Wechselrahmen (gekauft oder selbstgemacht),
- ✔ Stellwände oder Stelltafeln,
- ✔ Pinnwände,
- ✔ Tische (mit Stoff abgehängt!),

Wichtig

Sorgen Sie bei allen Exponaten, die von den Kindern angefertigt werden oder die Ihnen von Dritten zur Verfügung gestellt werden, für einen ansprechenden Rahmen. Wenn Sie mit eigenen Fotos arbeiten, beachten Sie die Tipps zur Erstellung von guten Digitalfotos und zur digitalen Bildbearbeitung (siehe Methodentraining, S. 49 f.).

✔ zwei Tische (mit Stoff abgehängt!) mit einer dazwischen geschobenen Stellwand,

✔ (selbstgebaute) Raumteiler oder Litfass-Säulen in der Raummitte,

✔ Schachteln und Kartons als Podeste (mit Tüchern bedecken!),

✔ kleine Staffeleien oder Bücherständer für die Präsentation von Büchern oder Bildern,

✔ handgroße Steine als Ablage für Bücher,

✔ Objektkästen,

✔ Setzkästen für kleinere Objekte,

✔ Ausstellungsleine (kann quer durch den Raum oder an der Wand entlang gespannt werden),

✔ Schränke, Schubladen, Kästen und alles andere, das zum Öffnen und Hineinschauen animiert.

So geht es: Bilder, Fotos und Objekte beschriften

Exponate einer Ausstellung erhalten grundsätzlich eine Beschriftung, egal, wo sie präsentiert werden. Nach Möglichkeit sollte die Beschriftung am PC geschrieben sein, das wirkt professioneller und ist besser lesbar. Wählen Sie eine Standardschrift wie Arial oder Calibri. Auf Grund der Betrachtungssituation darf die Schrift ruhig etwas größer sein als bei einem Brief. Eine Schriftgröße von 14 bis 16 Punkt ist gut lesbar. Bei längeren Texten, die im Rahmen der Ausstellung präsentiert werden, können Überschriften 16 bis 20 Punkt groß sein.

Bei Fotos und Bildern wird die Beschriftung am unteren Bildrand oder unter dem Bild angebracht. Zur besseren Haltbarkeit können Beschriftungen auch la-

Ästhetische Beschriftungen

Ein Rahmen wertet die Beschriftungsschildchen auf. Dazu ziehen Sie einfach mit Lineal und Filzstift eine saubere Rahmenlinie um das Geschriebene. Oder Sie fügen im PC direkt einen Rahmen ein.

So geht es: Bringen Sie den Text, der umrahmt werden soll, in die richtige Form (Schriftgröße, Zeilenlänge, Schriftart, Rechtschreibung). Markieren Sie den Text, und wählen Sie im Register „Start" im Feld „Absatz" die Option „Rahmenlinie außen". Oder wählen Sie über das Menü „Einfügen" die Option „Formen". Die Randlinie von Rechtecken und Kreisen können Sie ganz einfach verändern, diese Formen lassen sich problemlos mit Text füllen.

miniert werden. Schreiben Sie dazu mehrere Beschriftungen auf ein Blatt Papier, laminieren und zerschneiden Sie es dann.

Auch die dreidimensionalen Objekte einer Ausstellung erhalten kleine Schildchen. Sie können entweder mit Klebstreifen direkt am Objekt befestigt (Schilder dann am besten vorher laminieren) oder als kleine Stehschilder vor dem Objekt hingestellt werden. Dazu wird die Beschriftung auf etwas festeres Papier (Tonpapier) ausgedruckt und anschließend ausgeschnitten und zum Schild geknickt.

Laminiert wirkt das kleine Schild noch besser. Es wird mit einer Holzklammer befestigt oder angeklebt.

Jedes Plakat braucht eine Überschrift. Wer nicht mit der Hand schreiben mag oder aufs Plakat draufkleben möchte, druckt auf ein DIN-A4-Blatt aus und setzt es hinter den großen Tonkarton.

Die Beschriftung wurde auf farbigen Tonkarton geklebt, in Wolkenform ausgeschnitten und laminiert. Die einzelnen Teile können bei der nächsten Flurpräsentation wieder verwenden werden.

Ausstellungen haben immer eine Bild- und eine Textebene. Nur so kann das Gezeigte auch eingeordnet werden.

Presseausschnitte beschriften

Über Ihr Projekt/Ihre Einrichtung wurde in der Presse berichtet? Herzlichen Glückwunsch! Nutzen Sie den Artikel für Ihre Öffentlichkeitsarbeit, indem Sie ihn ausstellen. Dazu wird der Text sauber ausgeschnitten und auf ein Blatt Papier geklebt. Jeder Ausschnitt erhält eine Beschriftung. Schreiben Sie entweder vor dem Aufkleben die Beschriftung mit dem PC direkt auf den Untergrund, oder schneiden Sie Ihre Beschriftung aus, und kleben Sie sie unter den Ausschnitt. Die Beschriftung eines Presse-Artikels besteht aus dem Namen der Zeitung und dem Erscheinungsdatum, in der Regel steht sie am unteren Seitenrand:

Braunschweiger Zeitung, 25. August 2011

✔ Kita-Projekte originell dokumentiert   ✔ Flyer, Einladungen und Aushänge   ✔ Präsentationen mit Aha-Effekt

Hauptsache lesbar –
Texte in der Ausstellung

Egal, was gezeigt wird, häufig sind längere Texte Teil der Ausstellung. Vielleicht schließen Sie eine Projektschilderung mit ein, vielleicht stellen Sie die Einrichtung in Stichworten vor. Im Folgenden lesen Sie ein paar grundsätzliche Dinge, wie Sie Text sinnvoll und übersichtlich in Ihre Ausstellung integrieren können.

Rahmen

Längere Texte wie Projektbeschreibungen werten sie mit einem Rahmen auf. Eine schmale Randlinie am äußeren Seitenrand oder eine Linie am unteren Seitenrand verleihen weißen Seiten einen optischen Rahmen. Wie Sie im Programm Word für Windows in wenigen Schritten einen dekorativen Rahmen hinzufügen, ist auf Seite 24 beschrieben. Denkbar ist auch, die Blätter auf farbigen Tonkarton oder Tonpapier zu kleben, so entsteht ebenfalls ein „Rahmeneffekt".

Untergrund und Schrift

Der Text soll sich deutlich vom Untergrund abheben. Wählen Sie deshalb dunkle Schrift auf hellem Untergrund. Zu dunkle Untergründe erschweren das Lesen. Ideal sind weiße oder helle, pastellfarbige Untergründe, die Schrift sollte schwarz oder dunkelgrau sein.

Verwenden Sie nicht mehr als zwei verschiedene Schriftarten! Wählen Sie z. B. eine Schriftart für die Überschriften, eine andere für den Fließtext. Wenn Sie darüber hinaus Teile des Textes hervorheben möchten, können Sie das mit Schriftgröße, Schriftfarbe oder Schriftschnitt (fett, kursiv) tun.

Schreiben Sie in Groß- und Kleinbuchstaben. NUR GROSSBUCHSTABEN SIND VIEL SCHWERER ZU LESEN.

Zeilenabstand

Ein größerer Zeilenabstand erhöht die Lesbarkeit Ihrer Ausstellungstexte. Wählen Sie in der Menüleiste „Absatzformat" die Option „Zeilenabstand doppelt".

Aber Achtung: Wenn der Zeilenabstand zu groß gewählt wird, verliert sich der Text. Je größer die Schriftgröße ist, desto kleiner sollte im Verhältnis der Zeilenabstand sein. Bei einer Schriftgröße von 10 Punkt gilt 12 Punkt (also 120 Prozent) als guter Abstand zwischen den Zeilen, bei einer Schriftgröße von 12 Punkt ist ein Abstand von 14 Punkt ideal. Bei Plakatschrift von 60 Punkt sollte der Zeilenabstand dagegen nur 100 Prozent betragen (also ebenfalls 60 Punkt).

Gliederung

Gliedern Sie längere Texte in Absätze mit fünf bis acht Zeilen, und strukturieren Sie weiterhin mit sinnvollen Zwischenüberschriften. Fügen Sie zwischen Absätzen und zwischen Überschriften und Absätzen eine Leerzeile ein.

Gliedern Sie alle Texte, wenn es inhaltlich sinnvoll erscheint, mit Aufzählungen. Das zwingt Sie als Autorin dazu, sich kurz zu fassen und auf das Wesentliche zu konzentrieren. Für den Betrachter, der ja vermutlich Ihren Text im Stehen liest, sind Stichworte und Halbsätze besser zu erfassen als ein Fließtext aus ganzen Sätzen.

Übersichtlichkeit

Gleiche Farbigkeit (z. B. bei Überschriften, Untergründen, Rahmen etc.) signalisiert gleiche Sachverhalte. Insbesondere, wenn Ihre Ausstellung mehrere Räume (oder Stellwände) umfasst oder wenn innerhalb eines Sichtfeldes zusammengehörige Elemente nicht zusammen stehen können, macht die gleiche Farbe diesen Zusammenhang sichtbar. Vermeiden Sie auch zu viele verschiedene Farben, das wirkt schnell unübersichtlich und chaotisch.

Vermeiden Sie, Schrift (und Bilder) schräg zu stellen, das wirkt schnell unruhig.

Lassen Sie ausreichend Freiraum um die Texte. Breite Ränder und Freiraum wirken großzügig, zu vollgestopfte Seiten und Flächen schrecken eher ab, als dass sie zum Betrachten einladen.

Lesbarkeit und Leserfreundlichkeit

Berücksichtigen Sie bei der Gestaltung und Anordnung längerer Texte (z. B. Projektbeschreibungen) außerdem die optimale Lesbarkeit. Eine Projektbeschreibung im Stil der Konzeption ist an dieser Stelle ungeeignet – denken Sie daran, dass es einen Unterschied macht, ob jemand entspannt auf dem Sofa sitzt oder ob er stehend liest, während viele andere Reize auf ihn einwirken.

Projektbeschreibungen und andere längere Texte sind besser lesbar, wenn Sie den Text in Spalten setzen. Grafiker empfehlen, pro Zeile nicht mehr als 50 bis 70 Anschläge zu verwenden; alles, was darüber hinausgeht, ist schlecht lesbar. Eine andere gute Möglichkeit, längere Texte optisch ansprechend und lesbar zu gliedern, sind Marginalien (Randspalte, in der z. B. Daten oder einzelne Begriffe stehen).

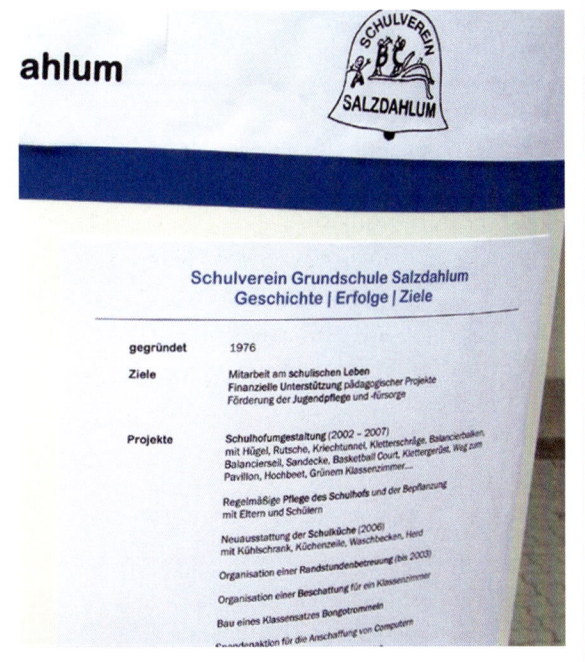

In der linken Marginalspalte stehen nur wenige Begriffe. Der Text rechts ist durch Leerzeilen gegliedert.

Jedes Bild braucht einen Rahmen –
Bilder und Fotos präsentieren

Grundsätzliches

Ob an der Wand, auf Stellwand, Pinnwand oder einem anderen Untergrund – immer dann, wenn Fotos und Bilder präsentiert werden, wertet der passende Rahmen sie auf. Fotos wirken besonders schön, wenn sie einen Rahmen erhalten. Das kann ein Bilderrahmen mit Passepartout sein, es reicht aber auch ein Papierrahmen, wenn Sie das Foto z. B. auf einer Pinn- oder Stellwand lediglich festpinnen möchten. Kleben Sie dazu das Foto auf ein etwas größeres Stück Tonpapier (ca. 0,5 bis 1 cm Überstand an jeder Seite). Statt eines farbigen Untergrunds können Sie auch jedes Foto mit einer dünnen Rahmenlinie versehen. Die Linie ziehen Sie mit einem schmalen Stift und Lineal um jedes Bild herum. Auch so kommen Fotos besser zur Geltung als ohne jede Randbegrenzung.

Aufgewertet werden alle Bilder durch eine Präsentation im Rahmen. Ob Holzrahmen oder farbig, schwarz oder metallisch, hängt vom Bestand Ihrer Einrichtung ab. Einheitliche Rahmen (Farbe, Größe) wirken natürlich besser als ein zusammengewürfeltes Sortiment. Bemühen Sie sich, ein durchgängiges Gestaltungs- und Einrichtungsschema für die gesamte Einrichtung durchzusetzen, wenn Sie den Räumen mehr optische Ruhe verschaffen möchten. Rahmen sollen den Inhalt hervorheben und ihm keine Konkurrenz machen.

Schwarze Rahmen und Passepartouts bringen Bilder besonders schön zum Leuchten. Auch innerhalb eines Rahmens sollten Bilder immer eine Umrandung oder ein Passepartout erhalten, das bringt sie noch besser zur Geltung. Empfehlenswert sind Rahmen, die leicht zu handhaben sind und deren Inhalt ohne größeren Aufwand ausgewechselt werden kann. Statt Glas für die Scheiben eignet sich Plexiglas besser für den Einsatz in der Kita.

Tipps für Hintergrund und Passepartout

Besonders gut bringen die neutralen Töne Weiß, Grau oder Schwarz die Farben von Bildern und Fotos zum Leuchten. Sie eignen sich deshalb gut als Passepartouts bzw. Hintergründe.

Werden, wie im Kita-Alltag üblich, mehrere Fotos gezeigt, sollten alle Untergründe die gleiche Größe und Farbe haben. Bei unterschiedlichen Formaten werden die Bilder an einer gemeinsamen Ober- oder Unterkante ausgerichtet, das bringt Ruhe in das ansonsten unruhige Erscheinungsbild.

Idee

Statt jedes Bild auf einen eigenen Untergrund aus farbigem Tonkarton zu kleben oder in einem eigenen Rahmen zu zeigen, ordnen Sie mehrere Bilder oder Fotos auf einem langen Papierstreifen (Zeichenpapierrolle, Tapetenrolle o. Ä.) an. Damit betonen Sie die Zusammengehörigkeit der Exponate. Der Papierstreifen führt außerdem das Auge und erzeugt optische Kontinuität.

Schwarzer Hintergrund bringt Farben besonders schön zum Strahlen.

Rahmen selber machen Schritt für Schritt

Holzrahmen und Papprahmen

Bilderrahmen können Sie aus unterschiedlichsten Materialien selbst basteln. Neben **Holz** eignet sich z. B. auch **Pappe** hervorragend. Überlegen Sie vorher, welches Format benötigt wird. Für ein Bild im Postkartenformat (13 mal 18 cm) brauchen Sie einen Rahmen, der etwa 20 mal 30 cm groß ist, um auch noch Platz für eine schöne Umrandung zu haben. Für das in der Kita übliche DIN-A3-Format muss der Rahmen entsprechend größer sein – hier empfiehlt sich in der Praxis eher die Anschaffung von preiswerten Wechselrahmen oder das Arbeiten mit Pappe.

Papprahmen gelingen meist nicht so exakt wie Rahmen aus Holz. Das liegt am Material. Sie eignen sich aber hervorragend für die Schreib- oder Bastelecke und können – je nach Thema – auch für Ausstellungen und Präsentationen genutzt werden.

Eine gute Gelegenheit: Die Kinder einbeziehen

Papprahmen können Kinder auch sehr gut selbst basteln. Dazu schneiden Sie die Pappleisten vorher mit dem Cutter zu und malen sie dann gemeinsam mit den Kindern an. Dann erst kleben Sie die Leisten zusammen. Auf Klebelaschen können Sie auch verzichten, wenn die Bilder direkt mit etwas Kleber in den Rahmen eingefügt werden.

So geht es

Holzrahmen

✔ Sägen Sie die vier Leisten mit einer (Stich-)Säge auf Gehrung, und verleimen Sie sie dann mit Holzleim zu einer rechteckigen Rahmenform.

✔ Der so entstandene Rahmen kann nach dem Trocknen in der Wunschfarbe lackiert werden. Dazu rauen Sie die Oberfläche erst mit Schleifpapier leicht auf, damit die Farbe besser hält. (Das gilt auch, wenn Sie bereits vorhandene Rahmen neu lackieren.)

Papprahmen

✔ Für einen Papprahmen gehen Sie ebenso vor wie beim Holzmodell: Erst bringen Sie die vier Seitenleisten in die entsprechende Länge und kleben sie dann mit Kleber aneinander.

✔ Auch Pappe können Sie lackieren, das verbessert sogar die Haltbarkeit.

✔ Um Bilder in unserem selbstgebauten Papprahmen zu befestigen, kleben Sie auf der Rahmenrückseite auf allen vier Seiten Führungslaschen aus Pappe an, in die das Bild später geschoben wird. Das geht am besten, wenn Sie ein Blatt in der entsprechenden Größe von hinten auf den Bilderrahmen legen und damit die richtige Position der Laschen herausfinden.

Vier Pappleisten zuschneiden, Leisten im rechten Winkel zusammenkleben, in der Wunschfarbe lackieren, und der fertige Rahmen bringt Kunstwerke zur Geltung.

Naturrahmen und Goldrahmen

Auch Bretter, Zweige oder andere (Natur-)Materialien lassen sich zum Rahmen umfunktionieren. Herrschaftliche Goldrahmen entstehen in kürzester Zeit aus Hartschaum-Dekoleisten, die es in jedem Baumarkt gibt.

Besonders originell: CD-Rahmen

Eine preisgünstige Rahmen-Idee ist der CD-Rahmen. Er ist gut geeignet für Ausstellungen ebenso wie zur ständigen Präsentation der Mitarbeiterinnen im Flurbereich. Sie benötigen dafür transparente CD-Hüllen in ausreichender Menge (gibt es preiswert im Bürohandel, oder verwenden Sie alte Hüllen, die nicht mehr gebraucht werden).

Selbstgebauter Rahmen aus Holzbrettern.

So geht es

Rahmen aus Naturmaterial

✔ Bringen Sie die „Leisten" auf eine passende Länge.

✔ Verbinden Sie die „Leisten" anschließend: Dickere Bretter lassen sich gut mit Blumendraht verbinden, dünnere Materialien mit Bast oder Paketschnur verknoten.

Goldrahmen

✔ Schneiden Sie Hartschaumleisten in der gewünschten Länge zu.

✔ Schneiden Sie die Ecken auf Gehrung, und kleben Sie sie zusammen.
Achtung: Verwenden Sie lösemittelfreien Kleber, da sonst der Hartschaum angegriffen wird!

✔ Danach streichen Sie den Rahmen mit Goldfarbe (ebenfalls lösemittelfrei, z. B. wasserlösliche Acrylfarbe).

So geht es

CD-Rahmen

✔ Schneiden Sie Fotos, Bilder oder andere Inhalte in der passenden Größe zu, und führen Sie sie in die Führungslaschen der CD-Hüllen ein.
Achtung: Bestücken Sie alle drei Seiten: Außenansicht und beide inneren Flächen.

✔ Befestigen Sie den Rahmen mit Tesa-Strips an der Wand, aber nur an der hinteren Seite. Die Vorderklappe lässt sich nach wie vor öffnen und schließen.

Das Tolle daran: Das Modell spricht den menschlichen Spieltrieb an und macht neugierig („*Mal seh'n, was drin ist …*"). Deshalb eignet sich diese Idee auch so gut für eine temporäre Ausstellung. Alles, was zum Anfassen, Ausprobieren und Mitmachen anregt, ist hier gern gesehen.

Vorn steht der Name, …

… innen ein Bild mit einigen Informationen.

Idee

Machen Sie zwei Bilder von jeder Erzieherin, eines von vorne und eines von hinten. Das Bild von hinten platzieren Sie außen in die CD-Hülle, das andere zusammen mit einem kurzen Text über Vorlieben etc. in den aufklappbaren Innenteil. Solange eine Erzieherin im Haus ist, bleibt der Rahmen geöffnet. Beim Gehen (oder Urlaub etc.) wird der Rahmen geschlossen, die Kollegin ist nur von hinten zu sehen.

Alles am rechten Platz –
Fotos und Bilder anordnen

Besonders häufig präsentieren wir Bilder oder Fotos. Kein Wunder – Bilder werden im Kindergarten gern angefertigt; mit unterschiedlichen Materialien zu malen und zu zeichnen, gehört zu den liebsten Beschäftigungen vieler Kinder.

Mit Fotos lässt sich Alltägliches und Besonderes dokumentieren, Digitalkameras sind eine preisgünstige und unkomplizierte Möglichkeit geworden, die spannendsten Momente im Kita-Alltag festzuhalten. Fotografien eignen sich deshalb besonders gut für die Projektdokumentation. Aber auch, wenn Kindergartenkinder selbst eine Kamera in die Hand nehmen, entstehen oft sehenswerte Motive, die es mit professionellen „Kunstfotos" aufnehmen können. Um die Fotos mit den besonderen Momenten des Alltags würdig zu präsentieren, ist es gut, wenn die Einrichtung über eine ausreichende Anzahl an Wechselrahmen und die entsprechenden Möglichkeiten zur Hängung verfügt. Nichts wertet ein Bild so sehr auf wie ein schöner Rahmen, der zudem auch noch an der passenden Position hängt.

Mit der richtigen Platzierung der Rahmen können Sie das Raumbild beeinflussen und den optischen Eindruck eines Raumes (oder des Flurs) positiv verändern. Aber wie geht das?

Tipps und Ideen zum Anordnen

Auf einer Linie

Horizontal (nebeneinander) gehängte Rahmen machen einen Raum optisch länger. Diesen Effekt können Sie vor allem im Flurbereich nutzen, indem Sie Bilder auf einer Linie ausrichten (oben oder unten) und nebeneinander platzieren. Für einen einheitlichen Eindruck sollen die Bilder(-rahmen) entweder an der oberen oder unteren Kante abschließen. Für einen harmonischen Raumeindruck richten Sie diese Gerade nach einem Fixpunkt im Raum aus, z. B. einem Fenster. Wichtig ist auch ein ausreichender Abstand zwischen den Bildern. Zu dicht gehängt, stehlen sie einander die Aufmerksamkeit, zu weit auseinander „zerfällt" der einheitliche Eindruck.

Die Bilderrahmen hängen an einer Galerieleiste, nach unten bündig angeordnet.

Auf Augenhöhe

Bilderrahmen sollten Sie am besten auf Augenhöhe hängen. Wenn Sie für die Kinder dokumentieren, gilt das übrigens auch. Oft hängen die Bilder viel zu hoch, als dass Drei-, Vier- oder Fünfjährige sie ohne Verrenkungen betrachten können. Schade, denn schließlich sind die Künstler selbst besonders stolz auf ihre Werke!

An einer gespannten Schnur

Abhilfe schafft eine gespannte Schnur oder eine Stange in entsprechender Höhe, an der Bilder aufgehängt werden. Dann natürlich ohne Wechselrahmen, sondern höchstens auf einem farbigen Tonkarton geklebt. Zum Befestigen eignen sich kleine Holzklammern oder Hosenbügel, in die die Bilder geklemmt werden (gibt es preiswert im Fünferpack).

> **Tipp**
>
> Damit die Bilder nicht speckig werden und verknittern, stecken Sie jedes in eine Klarsichthülle im Format DIN A3. Solche großen Hüllen gibt es im Bürohandel oder online. Weil sie nicht ganz preiswert sind, werden sie wiederverwendet. Wer mag, schneidet die weißen Ränder mit den Löchern zum Einheften einfach ab. Sieht schöner aus!

Rahmen-Collagen

Bilder müssen nicht immer in einer Linie angeordnet werden. Für ein Arrangement im Gruppenraum, auf einem Plakat oder einer Stellwand kann auch die **Bilderrahmen-Collage** toll aussehen. Wenn Sie mit Rahmen arbeiten, die fest mit Nägeln an der Wand befestigt werden, schneiden Sie zur Vorbereitung erst Formate der entsprechenden Rahmengrößen aus Papier aus, arrangieren sie zur Probe auf dem Fußboden und kleben Ihre Probebilder mit Kreppband an die Wand, bevor Sie Hammer oder Bohrer ansetzen.
Viele kleinere Bilder können Sie schön als **Rechteck** anordnen. Dazu als Ausgangspunkt vier Rahmen aussuchen, die den Rand bilden sollen. Dann den Zwischenraum mit weiteren Bildern füllen. Das geschieht entweder so, dass mehrere gleiche Rahmen im gleichen Abstand gehängt werden. Oder Sie füllen das Innere Ihres gedachten Rechtecks mit unterschiedlichen Rahmen, die nur außen einheitlich abschließen.

Bei einer **Rahmen-Collage mit ausgefransten Seiten** arbeiten Sie von der Mitte nach außen. Dazu wird ein großer Rahmen als Zentrum gehängt, darum werden kleiner werdende Bilder nach außen angeordnet.

Eltern informieren, überzeugen und begeistern

Obwohl die Bilderrahmen unterschiedliche Farben haben, sorgt die bündige Anordnung für Ausgewogenheit und Ruhe.

Rahmenanordnung im Rechteck: Dass der kleine Rahmen unten die Form nicht mitmacht, stört überhaupt nicht.

Gut zu wissen

Bilderrahmen sollten Sie nicht zu dicht an Tür oder Fenster aufhängen. Denn Raumöffnungen ziehen den Blick auf sich. Was zu dicht neben ihnen hängt, verliert schnell an Wirkung.

Der Klassiker –
Bilder an der Wand befestigen

Galerieleiste

Zum Aufhängen von Bilderrahmen eignet sich eine Galerieleiste besonders gut. Dafür wird unterhalb der Decke eine Schiene angebracht, an der die Rahmen mit dünnen Nylonfäden hängen. Obwohl die Galerieleiste nicht gerade preiswert ist, stellt sie die ideale Lösung für den Kita-Flur und Gruppenraum dar, weil Bilder sicher hängen und immer wieder neu arrangiert werden können.

Ganz klassisch mit Dübel und Haken

Die preisgünstige Alternative zur Galerieleiste sind Dübel und Schrauben, an denen einzelne Rahmen befestigt werden. Um unschöne Löcher zu vermeiden,

sollten diese mit besonderer Sorgfalt angebracht werden. Besorgen Sie erst passende Rahmen, und messen Sie dann genau aus, wie viele Rahmen auf einem Wandabschnitt befestigt werden können. Richten Sie alle Dübel in einer Höhe aus, sodass die Bilderrahmen nach oben auf einer Linie abschließen. Ideal sind Bilderrahmen, die groß genug für DIN-A-3-Blätter sind. Dieses Format kommt im Kindergarten besonders oft zum Einsatz.

Das brauchen Sie, um Bilderrahmen fachmännisch aufzuhängen

Maßband oder Zollstock, Bleistift, Bohrer, Dübel, Haken, Wasserwaage.

Die Leine ist eine flexible Möglichkeit, Bilder aufzuhängen.

Dieses Bild kippt leicht nach vorn. Es ist an einer dünnen Nylonschnur und einem Schraubhaken aufgehängt.

Auf einer schmalen Bilderleiste können auch Bücher angeordnet werden.

Ausstellungsleine

Wem diese übliche Dübel-Haken-Lösung nicht flexibel genug ist, der greift zum Spanndraht oder zur Schnur und hängt daran Bilder und kleinere Exponate in gewünschter Höhe auf. Für Bilderrahmen ist die Schnur-Lösung nicht stabil genug, auch am Draht lassen sich nur Bilder ohne Rahmen befestigen. Der Vorteil aber ist: Eine Schnur ist schnell gespannt und als Ausstellungssystem sehr flexibel. (Wenn keine anderen Fixpunkte vorhanden sind, einfach zwei Schrauben in die Wand dübeln und Schnur oder Draht daran befestigen.) Zum Befestigen eignen sich Holzklammern, es gibt auch kleinere als die normalen Wäscheklammern. Die Bilder können entweder auf Pappe aufgezogen oder in entsprechend großen Klarsichthüllen aufgehängt werden.

Tipp

Eine schöne Wirkung erzielen Sie, wenn Bilderrahmen nicht einfach flach an der Wand hängen, sondern einen leichten Abstand einhalten. Dazu drehen Sie etwa ein Drittel unterhalb der Oberkante des Bilderrahmens zwei Ringschrauben hinten links und rechts in den Rahmen und spannen dazwischen einen dünnen Draht. Wenn Sie das Bild hieran aufhängen, befindet sich der Rahmen in einer leichten Schräglage. Das wirkt edel und funktioniert bei Aufhängung an einer Schiene ebenso wie an Dübeln.

Eltern informieren, überzeugen und begeistern

Bilderleiste

Eine weitere schnelle und einfache Lösung für die Präsentation von Fotos und Bildern sind an die Wand gedübelte Bilderleisten. Auch ein schmales Regalbrett funktioniert gut. Darauf können Sie (oder die Kinder) Bilder immer wieder neu dekorieren.

Tipp

Für die Bastel- oder Schreibecke eignet sich die Bilderleiste auch toll! Streichen Sie ein paar selbstgebaute Rahmen in einer fröhlichen Farbe, und arrangieren Sie sie auf der Leiste. Darin dürfen die neusten Bilder und Kunstwerke präsentiert werden. Was ausgestellt wird, bestimmen alle gemeinsam, oder Sie finden eine feste Regel, wer zuständig ist. Vielleicht das Geburtstagskind? Oder jedes Gruppenkind der Reihe nach, immer für eine Woche?

Bildernetz

Eine schnelle und preiswerte Idee, um Bilder an der Wand zu befestigen, sind Bildernetze. Die grobmaschigen Netze kann man in verschiedenen Farben finden. Sie werden entweder direkt an die Wand gehängt oder auf einen selbstgebauten quadratischen Rahmen aus vier aufeinandergeschraubten Holzleisten gespannt. Dazu müssen Sie nur jede Menge offene Schraubhaken in die Leisten schrauben und das Netz darin verhaken. Statt eines Netzes können Sie auch eine lange (Woll-)Schnur zwischen den Haken hin- und herspannen. Dabei helfen auch gern die Kinder. Zur Befestigung der Bilder an Netz oder Schnur eignen sich schlichte Holzklammern (Wäscheklammern oder die kleineren Verwandten aus dem Dekobedarf).

Befestigen ohne Bohren

Ganz ohne Nägel befestigen Sie Bilder (auch Rahmen!) mit Power-Klebestreifen. Die gibt es in verschiedenen Ausführungen, und sie halten sogar schwerere Gegenstände wie einen Bilderrahmen. Der Vorteil ist: Die Klebestreifen lassen sich rückstandslos abziehen, sodass die hässlichen grauen Klebereste an den Wänden entfallen. Um mehrere Bilder auf gleicher Höhe zu befestigen, arbeiten Sie mit der Wasserwaage und spannen einen Bindfaden zwischen zwei Stecknadeln als Ober- oder Unterkante.

Wenn ungerahmte Fotos ansprechend zur Geltung gebracht werden sollen, kleben Sie mit den Klebestreifen kleine Holzklötze (selbst sägen oder im Baumarkt zuschneiden lassen) an die Wand. Darauf werden die Fotos oder Bilder mit Klebestreifen befestigt. So kommt jedes einzelne Bild zur Geltung, und durch die Holzklötze entsteht ein plastischer Effekt – sieht toll aus! Befestigen Sie die Fotos aber vorher unbedingt auf stabilem weißen oder schwarzen Tonkarton, denn dieser „Rahmen" wertet die Bilder auf.

Eine weitere Alternative, um Bilder schnell zu befestigen, sind Klettbänder. Selbstklebendes Klettband befestigen Sie dazu an der Wand und an dem jeweiligen Exponat – fertig! Auch selbstklebende Magnetbänder können auf diese Weise schnell angebracht werden. Sie sind zwischen einem und drei Zentimetern breit, haben eine Klebeseite und sind sogar in verschiedenen Farben erhältlich. Kosten: ca. 15 Euro/Meter.

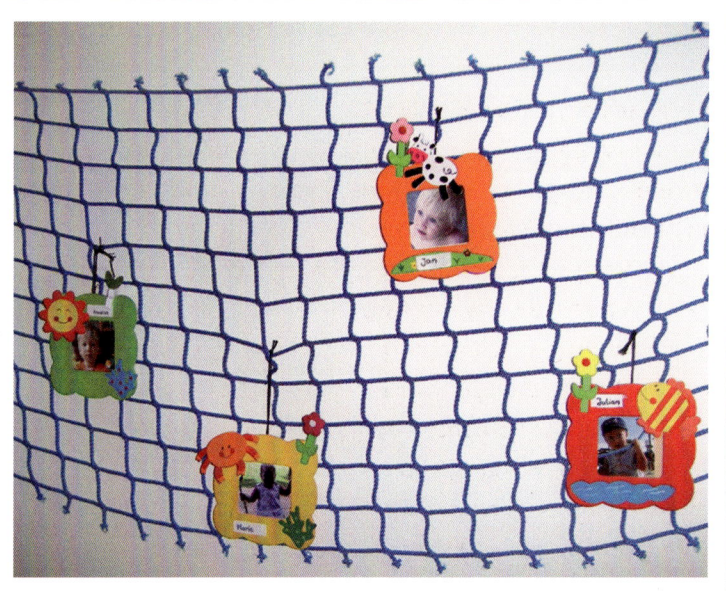

Netze gibt es in allen Farben. Ob angehängte oder angeheftete Bilder – das entscheiden Sie selbst.

Mit dem Auge des Betrachters –
Stellwände richtig nutzen

Bilder werden nicht nur an die Wand gehängt. Sowohl vor Ort in der Kita als auch bei externen Ausstellungen gehören Stellwände ("Metaplan"-Wände) zu den idealen Möglichkeiten, Bilder, Fotos und weitere Exponate zu zeigen. Sinn macht das vor allem dann, wenn die Präsentation über eine schlichte Flur-Ausstellung hinaus geht oder wenn der Wand-Platz nicht ausreicht, um alles aufzuhängen. Wer selbst keine Stellwand hat, kann sich in der Regel bei einer Schule oder der Gemeinde wenigstens eine solche Wand ausleihen, wenn ein Tag der offenen Tür oder ein anderer Termin ansteht.

Die 3-Sekunden-Regel

Psychologen haben herausgefunden, dass Sie nur drei Sekunden Zeit haben, um die Aufmerksamkeit der Betrachter zu gewinnen! Ihre Präsentation sollte also auf den ersten Blick ansprechen – das erreichen Sie mit einem guten Gestaltungsraster und dem durchdachten Einsatz von Farbe und Schrift.

Die Aufteilung

Für den idealen Effekt dürfen die Bilder und anderen Exponate aber nicht einfach irgendwie auf die Stellwand geklebt oder gepinnt werden. So ein buntes Durcheinander wirkt abschreckend. Gerade dann, wenn Sie nicht der einzige Aussteller sind, z. B. bei einer Gemeinschaftsaktion mehrerer Einrichtungen, oder wenn Ihre Ausstellung mehr als eine Stellwand umfasst, dürfen Sie sich nicht allein darauf verlassen, dass Ihre Betrachter sich schon ausreichend für das Thema interessieren, um Ihnen das Chaos auf der Stellwand zu verzeihen.

Ordnen Sie Bilder, Fotos, Dokumente und Beschriftung stattdessen nach einem **Raster** aus horizontalen und vertikalen Linien an. Besonders einfach gelingt das, wenn Sie eine grobe Skizze der Stellwand anfertigen und diese später als Vorlage verwenden. Denken Sie daran, dass Stellwände unterschiedliche Größen haben. Vor allem, wenn Sie Ihre Bilder vorab auf großen Papierbahnen anordnen und diese Plakate dann mitbringen, sollten Sie die genaue Größe der Stellwand kennen, um unerfreuliche Überraschungen auszuschließen.

Stellwände haben viele Vorteile

✔ Sie sind leicht und gut zu transportieren.
✔ Sie haben eine ausreichende Größe, um mehrere Blätter oder Fotos zu präsentieren.
✔ Sie sind eine tolle Möglichkeit der Raumgestaltung, indem z. B. unruhige Ecken "verstellt" werden oder mit mehreren Wänden ein Raum in Abschnitte geteilt wird.
✔ Vorder- und Rückseite lassen sich als Ausstellungsfläche nutzen.

✔ Sie ermöglichen eine schnelle und unkomplizierte Befestigung der Exponate auf Papierbögen oder direkt auf der Wand.
✔ Auch kleinere dreidimensionale Objekte, wie Kreisel, Kästchen, Anhänger etc., können integriert werden.

Drei Raster-Varianten auf einen Blick

Als Hilfestellung bei der Einteilung einer großen Fläche können z. B. **Grundraster** dienen, die auch beim
Layouten von Druckseiten verwendet werden:

Sandwich

Dieses Raster ist ein echtes „Allround-Genie" der Sei-
tengestaltung. Seinen Namen verdankt es dem Haupt-
kennzeichen, dass Bilder wie bei einem Sandwich
oben und unten von Textabschnitten begrenzt werden. Dieses Raster wird gern bei Werbebriefen, Inter-
netseiten oder Projektbeschreibungen eingesetzt. Auf
Ausstellungstafeln sollte es grundsätzlich mindestens
zweispaltig, bei breiteren Wänden auch dreispaltig
verwendet werden.
Vorteil: Wegen der kurzen Zeilenbreite sind die Texte
schneller lesbar.

Zwilling

Dieses Raster ist die erste Wahl bei anleitenden Texten
mit vielen Bildern. Text und Bild stehen sich gegenüber und beziehen sich aufeinander. Daher ist dieses
Raster gut geeignet für die Projektdarstellung im Rahmen einer Ausstellung oder Konzeption in Bildern.
Auch hier gilt: Auf großen Stellwänden passen problemlos zwei „Zwillinge" nebeneinander.

Top

Die Stellwand wird in zwei (oder mehr) verschieden
breite Spalten unterteilt. Die schmalere Spalte be-
inhaltet Marginalien, Zitate, Überschriften etc., die
breite Spalte enthält Bilder und/oder Dokumente,
Texte, Protokolle.
Vorteil: Ideale Zeilenbreite, gute Strukturierung, viel
Raum, wirkt großzügig, Tabellen und Bilder lassen sich
gut einfügen.

Ihr Raster soll die Fläche der Stellwand sinnvoll ordnen und gliedern. Das hilft den Betrachtern, die Informationen schneller zu erfassen, und verbessert Lesbarkeit und Informationsaufnahme. Unterstützen
können Sie den geordneten Eindruck durch den **Einsatz von Farben**. Bei einer Grobeinteilung der Stell-
wandfläche in Spalten und/oder Zeilen können Sie
eine Spalte mit farbigem Tonkarton bunt gestalten
und darauf die Exponate anbringen. Struktur schaffen
Sie auch mit farbigen Linien (z. B. mit buntem Klebe-
band aufkleben oder mit dickem Filzer sorgfältig malen), Balken oder weiteren Bildelementen.

Klare Strukturen sorgen für ein stimmiges Gesamtbild und
führen das Auge des Betrachters.

Überschriften

Noch mehr Übersichtlichkeit schaffen Sie mit einer gut lesbaren Überschrift. Zur besseren Lesbarkeit sollte die Überschrift (z. B. der Name Ihrer Einrichtung oder der Titel des Projekts) mit dem PC geschrieben sein. Verteilen Sie den Text auf mehrere Bögen im Querformat, dann können Sie eine große Schrift wählen (je nach Schrift ab 50 Punkt).

Tipp

Farbige Überschriften in entsprechender Größe verbrauchen viel Druckerfarbe. Günstiger geht es, wenn Sie nur die Umrisse der Buchstaben drucken und diese dann selbst ausmalen. Oder drucken Sie auf farbigen Karton, schneiden die Buchstaben dann an den Umrisslinien entlang aus und kleben sie auf einen Streifen Papier.

Gut zu wissen

So stellen Sie am PC die Funktion „Umriss" für die Schrift ein: Geben Sie Ihrer Überschrift die passende Schriftgröße für eine Stellwand (ab 50 Punkt), und markieren Sie den Text. Öffnen Sie mit einem Klick auf die rechte Maustaste das Kontextmenü, und wählen Sie „Schriftart". Setzen Sie einen Haken neben dem Effekt „Umriss", und bestätigen Sie mit „OK".

Der Hintergrund

Gefällt Ihnen der Hintergrund der Ausstellungstafel nicht? Während neuere Exemplare oft in dezenten Blautönen bespannt sind, sehen viele ältere Stellwände nicht gerade ansprechend aus. Dann verkleiden Sie die Tafel mit einem eigenen Hintergrund. Als Material eignen sich große, aneinandergeklebte oder -geheftete Papierbögen. Ohne Kleben kommen Sie aus, wenn Sie große Bögen aus braunem Papier aus dem Moderationsbedarf benutzen, die bereits in der richtigen Größe zugeschnitten sind. Diese schlichten Bögen können Sie im Vorfeld mit den Kindern verschönern. Wie wäre es z. B. mit farbigen Handabdrücken am Rand entlang? Schöne Effekte erzielen Sie auch mit breiten Papierrollen (Zeichenbedarf), farbigen Papiertischtüchern, Tapeten (fragen Sie im nächsten Tapetenmarkt nach Resten) oder sogar mit Stoff. Dazu nähen Sie eine entsprechend große Stoffbahn, evtl. aus zwei Bahnen, zusammen, säumen oder ketteln diese ab und spannen sie mit Pinnnadeln straff auf die Ausstellungswand. Darauf kommen Fotos und Bilder gleich doppelt so gut zur Geltung.

Nicht vergessen

Das gehört immer dazu, wenn Sie auf einer Stellwand präsentieren:
- ✔ eine gut lesbare Überschrift (mit PC schreiben, Schriftgröße ab 50 Punkt, oder sauber von Hand),
- ✔ das Logo Ihrer Einrichtung (z. B. oben links oder unten rechts),
- ✔ die Beschriftungen der Exponate (PC-geschrieben),
- ✔ die Ausrichtung an einem Raster aus horizontalen und vertikalen Linien.

Fast in Vergessenheit geraten –
Pinnwände

Fast jede Einrichtung verfügt über Pinnwände. Hervorragend geeignet sind sie für die Präsentation von kleinformatigen Bildern und anderen Papieren. Die Vorteile dieses Mediums sind:

- ✔ **Verfügbarkeit** – Pinnwände sind fast in jeder Einrichtung vorhanden.
- ✔ **Flexibilität** – ein paar Pinnnadeln genügen, um Bilder und Texte anzubringen.
- ✔ **Im Blickpunkt** – Pinnwände oder Schwarze Bretter hängen fast immer im Eingangsbereich oder Flur. Hier ist ihnen große Aufmerksamkeit sicher.

Trotz ihrer Vorteile führen Pinnwand oder Schwarzes Brett oft ein Schattendasein in der Einrichtung. Zugehängt mit unzähligen Notizen, Fotos und Briefen machen sie es den Betrachtern auch nicht immer leicht. Als Untergrund für eine kleinere Ausstellung (oder einen Teil einer größeren) eignen sie sich dennoch.

Ordnen Sie auch auf der Pinnwand die Bilder immer nach einem Raster an. Einfach, aber wirkungsvoll: Die Ober- oder Unterkante aller Fotos befindet sich auf einer Linie. Außerdem gilt auch hier: Bilder nicht zu dicht aneinander hängen, nur mit Freiraum kommen auch kleinere Fotos zur Geltung.

Magnetwände sind im Bürofachhandel recht preiswert zu kaufen. Oft können sie mit speziellen Stiften sogar beschrieben werden.

Auf dieser Pinnwand findet wohl niemand etwas.

Idee: Pinnwand selber machen

Ihre Exponate werten Sie in jedem Fall auf, wenn Sie der guten alten Pinnwand ein neues Gesicht zaubern. Wer kein Budget für derlei Einrichtungsgegenstände hat, kann in Sachen Pinnwand auch mit wenigen Handgriffen selbst tolle Effekte erzielen.

Formkorrektur

Immer eckig und braun? Das muss nicht sein! Aus einer MDF-Platte können Sie (oder hilfreiche Eltern) Ihre Wunschform aussägen und mit Acrylfarbe streichen. In die weiche Platte lassen sich gut Pinnnadeln zum Befestigen stecken. Achtung: Im Krippenbereich haben Nadeln natürlich nichts verloren.

Gut zu wissen

Früher bestanden Pinnwände fast ausnahmslos aus Kork, Weichfaser oder Hartschaum. Inzwischen verfügen viele Einrichtungen aber schon über modernere Ausführungen aus Metall, schickem Filz oder anderen Materialien. Auch das Format muss keineswegs immer das klassische Rechteck der vergangenen Jahre sein. Insbesondere lang gestreckte Formate kommen dem Raumbedarf in der Kita entgegen.

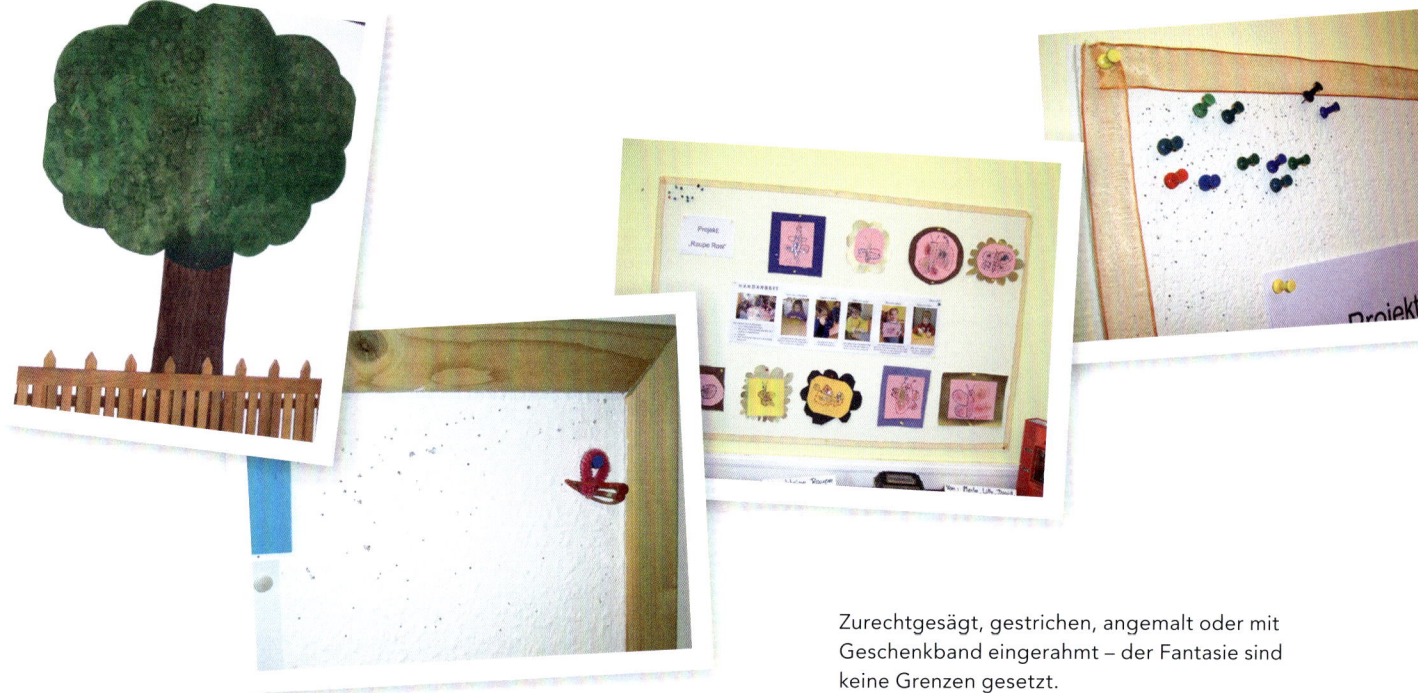

Zurechtgesägt, gestrichen, angemalt oder mit
Geschenkband eingerahmt – der Fantasie sind
keine Grenzen gesetzt.

Mit Farbe

Keine Lust mehr auf die alte braune Korkplatte? Dann
greifen Sie zum Pinsel! Mit Abtönfarbe aus dem Baumarkt oder mit Acrylfarbe erhält Ihre alte Pinnwand
ruckzuck ein neues Gesicht. Bei der Farbwahl sind keine Grenzen gesetzt, denken Sie aber daran, dass die
Pinnwand als Untergrund dient und deshalb eher
neutral gehalten werden sollte. Helle Grautöne oder
Schattierungen von Weiß eignen sich gut. Selbstverständlich können Sie auch bewusst Farben verwenden, z. B. die Ihrer Gruppe. Besonders schön wird es,
wenn Sie den Rand in einer anderen Farbe streichen.

Mit Magnetfarbe

Eine Pinnwand, die an jede Wand passt, können
Sie sich selbst malen. Im Baumarkt gibt es seit einigen Jahren magnetische Wandfarbe in vielen
Schattierungen (auch als Untergrund, der in der
eigentlichen Wandfarbe überstrichen wird). Toll,
wenn eine ganze Wand mit der Magnetfarbe gestrichen ist, dann können Sie darauf nach Lust und
Laune Bilder anbringen.

Mit Stoff und Bändern bespannt

Als Untergrund dient eine Spanplatte aus dem Baumarkt in gewünschter Größe, die Sie mit Stoff bespannen. Darauf wird in mehreren Steifen Ripsband
diagonal befestigt (Abstand der Bänder ca. 15-20
cm). Überall dort, wo sich die Bänder kreuzen, schla-

gen Sie Polsternägel ein. Unter die Bänder können
jetzt Bilder und andere Exponate geklemmt werden.

Statt Ripsband können Sie auch Wäschegummi zum
Verspannen nehmen. Spannen Sie die Gummis dann
nur senkrecht oder waagerecht und etwas dichter aneinander als bei der Ripsband-Variante. In den Rand
der Platte, die Sie zuvor in Ihrer Wunschfarbe gestrichen haben, bohren Sie dafür schließlich Löcher im
Abstand von ca. 4 cm und knoten darin das Wäschegummi fest.

Tipp

Gut geeignet für den Kindergarten sind
lange schmale Pinnwand-Formate. Angebracht in einer Höhe von ca. 50 cm über
den Kleiderhaken der Kinder, können sie
ideal zum Anhängen von Bildern genutzt
werden. Achten Sie auf einheitliche Nadeln oder Magnete zum Befestigen. Am
schönsten sind die neutralen durchsichti-
gen oder weißen Pinnnadeln, sie lenken
am wenigsten von Bild oder Text ab. Auch
schmale Magnetbänder erfüllen den
Zweck. Schmale selbstklebende Bänder
gibt es z. B. im Bürohandel.

Filzwand in Mausform. Die Schilder haften mit Klett. Ideal für den Krippenbereich!

Besonders für die Krippe: Filz

Aus einer Spannplatte, mit Filz beklebt, entsteht in kürzester Zeit eine tolle Pinnwand. Je nach eigenem Geschick kann das Format klassisch im Rechteck, als Leiste oder ausgefallener gestaltet werden. Zur Befestigung eignet sich Klettband mit selbstklebender Rückseite, das in kleinen Stücken auf die Rückseite von Bildern, Fotos oder anderem geklebt wird. Der Klett haftet prima auf Filz, und Sie vermeiden spitze Nadeln, an denen sich die Kinder verletzen könnten. Wenn der Filz eine entsprechende Dicke hat, können Sie auch direkt aus dem festen Material eine Platte oder einen Streifen schneiden und mit Nägeln an der Wand befestigen.

Eine tolle Alternative zur Pinnwand: Der Wandteppich

Das brauchen Sie:
festen Baumwollstoff (ca. 140 cm breit, 120 cm lang oder nach Bedarf), zwei Rundhölzer (Durchmesser 0,5 bis 1 cm), farbige Saumbänder aus dem Textilbedarf (Länge ca. 5,5 m)

So geht es:
✔ Den Stoff oben und unten je ca. 6 cm umschlagen und festnähen.
✔ Die farbigen Bänder in vier gleich lange Stücke schneiden (entsprechend der Stoffbreite) und in vier Bahnen im Abstand von ca. 30 cm quer auf die Stoffbahn aufnähen. Dazu das Band einfach alle 10 cm mit wenigen Stichen auf dem Stoff festheften. So können an den Bändern später kleinere und größere Bilder mit Holzklammern befestigt werden, oder dreidimensionale Gegenstände können daruntergeklemmt werden.
✔ Zum Schluss in die beiden Tunnel jeweils eine runde Holzstange einführen.
✔ An die obere Rundstange rechts und links Bänder zur Befestigung an der Wand anknoten oder die Stange in angedübelte Wandhaken einhängen.

Buch-Tipp:
Die Idee für den Wandteppich und das Leporello auf S. 43 stammt aus Dorothee Jacobs schönem Buch *„Kreative Dokumentation"*, das 2007 im Cornelsen Verlag Scriptor erschienen ist.

Neues wagen, ausprobieren–
Noch mehr Ideen für die Ausstellung

Lassen Sie sich anregen

Waren Sie in letzter Zeit in einem der zahlreichen Kindermuseen in Deutschland? Hier, aber auch in vielen anderen Ausstellungen, kann man moderne Museumspädagogik erleben. Um Wissen zu vermitteln, setzt die Museumspädagogik zu großen Teilen aufs Selbermachen und Ausprobieren. Anfassen, Aufklappen, Zusammensetzen macht Spaß und transportiert ganz nebenbei viel neues Wissen. Auch bei der reinen Vermittlung von Inhalten kann der menschliche Spieltrieb und die Neugier Antrieb sein.
Da werden Gegenstände in Schaukästen präsentiert, in die wir nur durch ein kleines Guckloch schauen können. Informationen hängen nicht einfach an der Wand, sondern sind unter Glasplatten unter unseren Füßen versteckt. Wir werden aufgefordert, Kopfhörer aufzusetzen, Schubladen oder Kästen zu öffnen …

Nun ist die Kita kein Museum. Einige Anregungen aus der jüngeren Museumspädagogik können aber ohne allzu großen Aufwand auch in Ihre Einrichtung mit einfließen.

Eingangs wurde es bereits erwähnt – je vielschichtiger Informationen präsentiert werden, desto einprägsamer und interessanter werden sie empfunden. Für die Präsentation in der Kita kann das heißen, dass wir neben der bewährten Präsentation an den Wänden auch immer wieder zu anderen Möglichkeiten greifen.

Das hat auch den Vorteil, dass der meist eingeschränkte Platz, der im Flurbereich oder in den Gruppen zur Verfügung steht, durch flexibel einsetzbare Elemente erweitert wird.

Selbstgemacht oder professionell angefertigt, zum Hängen, Aufrollen und mit Logo versehen: tolle Banner für eine gelungene Selbstdarstellung.

Je nach Anlass, Räumlichkeiten, finanziellen und zeitlichen Möglichkeiten, können Sie aus den folgenden Optionen schöpfen, um Bilder, Objekte und Texte wirkungs- und spannungsvoll zu präsentieren:

Banner

Mit den Kindern können Sie aus breiten Papierrollen oder Tapeten leicht ein dekoratives Banner anfertigen. Einfach eine entsprechende Papierbahn zurechtschneiden und verzieren. Oder kleben Sie mehrere Bilder auf das Banner. Achtung: Der obere Teil ist am schlechtesten sichtbar, weil er später unter der Decke hängt. Ober- und Unterkante der Papierbahn werden je einmal um eine Papprolle (oder zwei aneinandergelegte leere Küchenrollen) geklebt. Durch die obere Rolle kann noch eine Schnur zur Befestigung an der Decke gezogen werden.

Das können Sie an eine Ausstellungsleine anbringen.

Ausstellungsleine

An einer quer durch den Raum gespannten Schnur oder einem Metalldraht lassen sich vielfältige Exponate, vom Bild (auf Karton aufkleben) bis zu kleineren Gegenständen, aufhängen. Zum Befestigen eignen sich Holzklammern oder Schnur. Bilder müssen auf dicken Karton (Fotokarton) aufgezogen werden, damit sie über einige Wochen hinweg eine gute Figur machen und sich nicht verziehen. Übrigens: Ausstellungsleinen können auch senkrecht von der Decke herabhängen, das bietet ein ungewohntes und spannendes Bild. Wenn die Holzklammern abrutschen, einfach mehrere Knoten in die Schnur machen, die bieten Halt.

Pappwürfel, Pappdreieck

An der Decke können auch selbstgebaute Papp-Objekte hängen, auf die Fotos, Bilder oder Textzeilen (natürlich in ausreichender Größe) geklebt werden. Ob Pappwürfel oder -dreieck – die Formen lassen sich aus Tonkarton schnell bauen und sind als Ausstellungsobjekte in jedem Fall ungewöhnliche Hingucker. Besonders schön kommen davon gleich mehrere zur Geltung.

Die großen Würfel werden mit wenig Aufwand selbstgebastelt. Man benötigt lediglich dickeren Karton, auf den die sechs Seiten des Würfels in entsprechender

---

Mit Kindern arbeiten: Bilder-Leporello für die Ausstellungsleine

Lange Leporellos aus buntem Tonkarton hängen an der Ausstellungsleine und regen zum Stehenbleiben an. Beim Falten und Gestalten helfen die Kinder besonders gerne mit. Auf diese Weise können mehrere Fotos platzsparend präsentiert werden, einzelne Projektbausteine werden im Zusammenhang gezeigt.

So geht es:
- ✔ Aus großen Tonpapier- oder Tonkartonbögen lange Streifen (ca. 15 cm breit) schneiden und zur Ziehharmonika falten.

- ✔ Auf die einzelnen Felder kleben Sie Fotos, Bilder oder Texte.
- ✔ Zur Verstärkung befestigen Sie am oberen Rand noch einen weiteren Streifen Tonkarton auf beiden Seiten und stanzen dann mit dem Locher zwei Löcher hinein.
- ✔ Durch diese fädeln Sie eine Schnur (z. B. Bast) zum Aufhängen.
- ✔ Leporellos dürfen lang werden – dazu mehrere Streifen aneinanderkleben.

✔ *Kita-Projekte originell dokumentiert* ✔ *Flyer, Einladungen und Aushänge* ✔ *Präsentationen mit Aha-Effekt*

Größe aufmalt werden. Dazu zeichnen Sie die folgende Form vor: Vier quadratische Flächen stehen übereinander, zwei weitere schließen rechts und links an die zweite Form an, sodass eine T-ähnliche Form entsteht. Zusätzlich werden die beiden äußeren Quadrate und der unterste Würfel mit Klebelaschen versehen (siehe Würfelanleitung). Jetzt wird der Würfel ausgeschnitten. Die Beschriftung, Bemalung oder das Bekleben sollte möglichst geschehen, bevor der Würfel endgültig zusammengefaltet und -geklebt wird. Zum Aufhängen eine dünne Schnur (z. B. Nylon) mittig um ein Holzstäbchen knoten und durch eine Ecke in den Würfel schieben (wie beim Aufhängen von Ostereiern). Das obere Schnurende zum Schluss an der Decke befestigen.

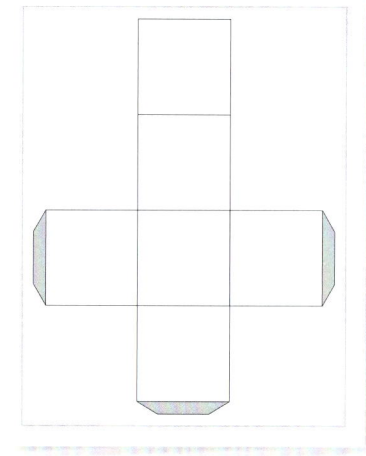

Würfelanleitung

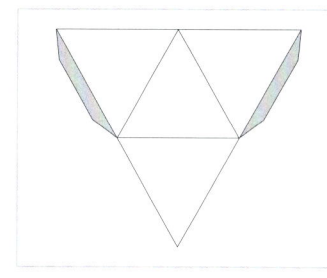

Dreieckanleitung

Der Würfel wird erst beschriftet und dann zusammengeklebt.

Ausstellungstische

Alle Arten von Objekten und Büchern sind auf Tischen ideal aufgehoben. Tische sollten immer bodenlang abgehängt werden, dazu eignen sich dünne einfarbige Stoffe. Eventuell die Schnittkanten vorher säumen, dann können die Stoffbahnen immer wieder verwendet werden.

Auf den Tischen sorgen Steine, kleine Staffeleien oder Pappschachteln für zusätzliche Ebenen. Kleine Kästen, die als Podeste dienen, werden ebenfalls mit Stoff bedeckt, um die Aufmerksamkeit nicht von den Exponaten abzulenken. Integrieren Sie in den Aufbau

möglichst weitere „Möbel", wie Schubladenelemente, Kästen mit aufklappbaren Deckeln und andere Objekte, die zum Anfassen und In-die-Hand-Nehmen reizen. Auch Bildermappen oder selbstgestaltete Leporellos animieren zum Verweilen und Genauer-Hinsehen.

Objektkästen

Objektkästen kann man bei größeren Möbelhäusern finden, sie sind in der Regel aus Holz und haben eine Glasfront. Wie im Museum, werden in den Kästen dreidimensionale Objekte in Szene gesetzt – hier herein kommt nur, was wirklich besonders ist. Um den musealen Eindruck zu verstärken, soll der Objektkasten prominent präsentiert werden (also nicht in einem Wust anderer Gegenstände verschwinden). Was immer hier präsentiert wird, kann sich großer Aufmerksamkeit gewiss sein. Den Effekt eines Objektkastens können Sie gut einsetzen, um auf bestimmte Sachverhalte hinzuweisen. Auch Alltagsgegenstände (der erste gespendete 10-Euro-Schein, der „Schlüssel" für die Zukunft der Kinder oder gesammelte Naturobjekte vom letzten Ausflug) werden auf diese Weise zu Kunstobjekten oder weisen prägnant auf etwas hin. Denken Sie nur an die berühmten Suppendosen von Andy Warhol!

Eine ähnliche Wirkung haben Vitrinen oder Objektrahmen, in denen Objekte „hinter Glas" ganz besonders zur Geltung kommen. Präsentieren Sie hier den ersten Stein für den geplanten Anbau, den Schlüssel für den neuen Turnraum, Figuren beliebter Actionhelden und und und …

Exponate mit Beschriftung, Mini-Staffeleien oder ein Ensemble von Exponaten –
schön arrangiert, findet alles seinen Platz auf dem Ausstellungstisch.

Für die Sinne: Tastkästen und Co.

Alle Sinne anzusprechen, ist eine der Grundideen moderner Museumspädagogik. Neben unserem Sehsinn bieten sich dafür auch der Tast- und der Geruchssinn an.

Tastkästen regen die Neugier an und lassen sich auch mit einfachen Mitteln selbst herstellen. Benötigt werden lediglich Pappkästen (z. B. Schuhkartons oder größere Kisten) und Stoff oder ein anderes Material zum Bespannen bzw. Verdecken. Damit der Stoff nicht verrutscht, wird er mit einem „Gürtel" aus einem Band (z. B. Geschenkband) schön drapiert und festgebunden. Jetzt entweder einen Schlitz zum Hineingreifen einschneiden oder gleich zwei Bahnen aneinander befestigen, sodass mittig eine Öffnung bleibt.

Auch **Tastbeutel** sind eine ansprechende und leicht herzustellende Möglichkeit der sinnlichen Präsentation. Dazu aus bunten Stoffresten Beutel in der gewünschten Größe nähen (20 x 30 cm plus Nahtzugabe reichen für die meisten Zwecke), oben zum Tunnelzug einmal umnähen und eine Kordel zum Zuziehen durchführen. Die Beutel können Sie mit Holzklammern an einer Ausstellungsleine befestigen oder an Haken aufhängen.

So werden Tastkästen und Co. noch interessanter

Kombinieren Sie die Tastkästen oder Tastbeutel mit einem kleinen Quiz, dann macht es noch mehr Spaß, sich zu beteiligen. So kann neben mehreren Tastkästen eine Strichliste aushängen, auf der die Besucher ankreuzen können, was sie da gerade erfühlt haben.

„Duftende" Stoffe können als Riechquiz aufbereitet werden. Mal sehen, wer herausfindet, welche Gewürze in Ihrer gesunden Kinderküche zum Einsatz kommen oder welche Kräuter in der Waldwoche gesammelt wurden … Dass nur ungiftige Stoffe aufgenommen werden, ist selbstverständlich. Wichtig für die Präsentation von Duftstoffen ist eine möglichst luftdichte Aufbewahrung in verschließbaren Gefäßen, damit der Geruch nicht allzu schnell verfliegt. Gut geeignet sind transparente Kunststoffbehälter aus dem Haushaltsbedarf.

Riechen, darunterschauen und fühlen: Bei der Ausstellung „Süße Sünde" sind alle Sinne gefordert.

Hinein darf alles, was sich zum Ertasten eignet und zum Inhalt der Ausstellung passt. Warum also nicht einmal Gegenstände aus dem Garten ertasten lassen, wenn es um die spielzeugfreie Zeit geht? Oder eine Präsentation zum Waldtag mit Fundstücken aus dem Wald ergänzen? Das ist schnell realisiert, erweitert Ihre Präsentation um eine ganz neue Dimension und macht das Erlebte auch für die Eltern und im wahrsten Sinne des Wortes „be-greifbar".

Um aufzulösen, was getastet wurde, sollte sich natürlich immer die Abdeckung anheben lassen bzw. eine andere Möglichkeit bestehen, den Inhalt zu sehen. Alternativ darf jeder „Taster" eine Karte umdrehen, auf der bildlich dargestellt ist, was in den einzelnen Kästen und Beuteln versteckt war.

Da bewegt sich was: Video und Audio

Bewegte Bilder ziehen an, besonders dann, wenn wir darauf uns selbst oder unsere Lieben entdecken. Das weiß jeder, der schon mal im Eingangsbereich eines Elektromarktes stehen geblieben ist, weil das eigene Abbild über den dort aufgestellten Bildschirm geflimmert ist.

Die Faszination für den Film nutzen wir in Kita und Krippe auch gern. Ein Laptop im Flur- oder Gruppenbereich spielt in einer Endlosschleife Fotos vom letzten Projekttag ab. Wenn die Show in einem Präsentationsprogramm wie PowerPoint erstellt wird, können Sie den Bildern leicht noch schriftliche Erläuterungen, Zitate, Grafiken oder sogar Filmsequenzen hinzufügen.

Mit bewegten Bildern oder kurzen Videofilmen dokumentieren Sie Prozesse. Ob Kinder beim Basteln oder beim Spiel, die Kolleginnen beim Studientag, die Phasen des Neubaus – Bilder sprechen den Betrachter unmittelbar an und lassen ihn direkt teilhaben. Mit modernen Computerprogrammen ist es auch problemlos möglich, dem Film eine Musik hinzuzufügen, falls das gewünscht ist.

Idee

Fungieren Sie im Rahmen einer größeren Veranstaltung, wie dem Tag der offenen Tür, der Ausstellungseröffnung o. Ä., einen Gruppenraum zum Filmstudio um: Dazu kommt ein Schild an die Tür („Bitte leise – Filmvorführung!"), die Fenster werden abgedunkelt, Sitzgelegenheiten hingestellt (am besten auch bequeme), und ein Bildschirm wird an gut sichtbarer Stelle aufgestellt, bzw. per Beamer projizieren Sie ein Bild an die Wand. Zeigen Sie entweder einen Film in Endlosschleife oder zu festgelegten Zeitpunkten eine Diashow.

Achtung: Eine Kollegin sollte für den Filmraum zuständig sein, um bei technischen Problemen einspringen zu können.

Damit man das Filmstudio in der Kita auch gleich erkennt!

Der elektronische Bilderrahmen – ein toller Hingucker für Kinder und Eltern

Bewegte Bilder

Diashows können Sie schnell selbst erstellen. Verwenden Sie dazu entweder ein Präsentationsprogramm, z. B. PowerPoint, oder eines der Systemprogramme, wie Microsoft Picture Manager (Office Paket 2003) oder die Windows Fotogalerie (Office Paket 2007).

Schritt 1: Fotografieren

Fotografieren Sie mit der Digitalkamera Szenen aus der Einrichtung. Machen Sie möglichst nur Bilder eines Formats – entweder Hochformat oder Querformat. Beachten Sie beim Fotografieren außerdem Folgendes:

✔ Wählen Sie einen sinnvollen Bildausschnitt (nicht zu weit vom Motiv entfernt, lieber keine starken Zoom-Funktionen).

✔ Fotografieren Sie nicht zu viele Personen pro Bild, das wirkt schnell unübersichtlich.

✔ Sorgen Sie für eine ausreichende Beleuchtung. Bei Gegenlichtaufnahmen wird das Motiv schnell dunkel.

✔ Verwenden Sie nur scharfe Bilder.

✔ Suchen Sie nach aussagekräftigen Motiven – lieber ein Bild weniger als viele zu viel.

✔ Schauen Sie, dass Sie jedes Kind fotografieren.

Schritt 2: Von der Kamera auf den PC

Übertragen Sie die Bilder auf Ihren Computer. Das geht am besten über eine USB-Verbindung zwischen Kamera und PC oder indem Sie die Memory-Card der Kamera direkt in den Rechner stecken. (Achtung: Dabei kann die Karte auf Dauer Schaden nehmen!) Erstellen Sie am besten vorab einen eigenen Projekt-Bilderordner, in den nur die Fotos kommen, die Teil Ihrer Diashow sind.

Schritt 3: Diashow starten

Öffnen Sie den Bilderordner im Picture Manager oder der Windows Fotogalerie, und aktivieren Sie die Option Bildaufgaben „Als Diashow anzeigen" am rechten Bildschirmrand (Picture Manager) bzw. „Diashow" am oberen Bildschirmrand (Fotogalerie). Alle Bilder des Ordners werden nun in einer Endlosschleife bildschirmfüllend gezeigt.

Diashow in der Windows Fotogalerie

Wiederholen Sie Schritt 1 und 2. Dann markieren Sie alle Bilder, die Teil der Diashow sein sollen, und wählen unter dem Menüpunkt „Erstellen" am oberen Bildschirmrand die Option „Film erstellen". Im Fenster, das sich nun öffnet, können Sie jetzt noch ganz einfach Folgendes tun:

✔ Musik hinzufügen,

✔ zu einzelnen Bildern Text hinzufügen,

✔ Textfolien zwischen den Bildern einfügen,

✔ den Übergang zwischen den Bildern festlegen und

✔ viele weitere Effekte hinzufügen.

Das Ergebnis wird im Ordner „Eigene Videos" gespeichert und kann auch auf DVD gebrannt werden – so können Sie Ihren Film immer wieder abspielen.

Diashow in PowerPoint 2003

PowerPoint-Präsentationen können besser bearbeitet werden und bieten mehr Steuerungsmöglichkeiten als die Diashow im Office-Programm. Die Erstellung ist ganz einfach:

Schritt 1: PowerPoint-Option aufrufen
Öffnen Sie PowerPoint, und aktivieren Sie im Arbeitsbereich „Erste Schritte" die Option „Neue Präsentation". Wählen Sie „Fotoalbum".

Schritt 2: Bildquelle öffnen
Im nun geöffneten Fenster „Fotoalbum" wählen Sie zunächst die Bildquelle, entweder Datei/Datenträger oder Scanner/Kamera (das entsprechende Gerät muss angeschlossen sein, wenn Sie Bilder direkt von der Kamera wählen).

Schritt 3: Bilder auswählen und bearbeiten

Wenn Sie die entsprechende Bildquelle geöffnet haben, können Sie nun durch Anklicken alle Bilder auswählen, die in der Diashow gezeigt werden sollen. Sie erscheinen in dem immer noch offenen Menüfenster „Fotoalbum" mit ihren Namen als Liste. Das jeweils markierte Bild wird in der Vorschau angezeigt.

Jetzt können Sie mit den Werkzeugen in diesem Fenster die Reihenfolge der Bilder verändern und festlegen sowie einfache Bildbearbeitungen (Ausrichtung, Kontrast, Helligkeit) durchführen.

Außerdem können Sie nun auch so genannte Textfenster einfügen. Das sind leere Folien, die zwischen den Bildern auftauchen und auf die Sie später Texte (z. B. Zitate, Auszüge aus Ihrer Konzeption etc.) schreiben können. Gestalten Sie diese Textfolien mit den Instrumenten *Schriftart* und *-größe*, *Hintergrund*, *Rahmen* etc. nach Ihren Vorstellungen.

Schritt 4: Diashow erstellen und bearbeiten

Wenn Sie alle Bilder ausgewählt und eingefügt haben, klicken Sie „Erstellen". PowerPoint erstellt nun automatisch eine Diashow, die Ihnen auf der normalen Oberfläche gezeigt wird. Großer Vorteil: Sie können diese Präsentation nun wie eine normale Präsentation bearbeiten und z. B. Texte auf den Bildern einfügen. Über den Menüpunkt „Bildschirmpräsentation" und dann „Bildschirmpräsentation einrichten" legen Sie fest, wie lange jedes Bild steht, ob Ihre Präsentation endlos läuft, bis jemand „Escape" drückt, ob alle Bilder gezeigt werden oder nur einige und so weiter. Selbstverständlich können Sie über die weiteren Optionen im Menüpunkt „Bildschirmpräsentation" auch weitere Vorgaben festlegen, etwa die Art des Folienübergangs.

Schritt 5: Diashow speichern

Speichern Sie die Präsentation, und lassen Sie sie entweder direkt von Ihrem Rechner ablaufen, oder wählen Sie unter dem Menüpunkt „Datei" die Option „Für CD verpacken". So können Sie die Diashow auf einem USB-Stick oder einer CD-ROM abspeichern, um sie von einem anderen Rechner aus zu zeigen.

Hinweis: In PowerPoint 2007 finden Sie die Option „Fotoalbum" unter dem Menüpunkt „Einfügen".

Gute Fotos mit der Digitalkamera

Digitalkameras sind heutzutage in jeder Einrichtung vorhanden, und ihre Bedienung ist inzwischen so einfach, dass sie wirklich von jedem benutzt werden können. Gut – denn Fotos sind ein ideales Medium zur Dokumentation und Projektbegleitung.

Fotos sind für unsere Präsentationsarbeit deshalb so wichtig, weil sie Informationen unmittelbar vermitteln. Ohne Umwege gelangt der Bildeindruck ins Gehirn, Erklärungen und Beschriftungen nehmen wir erst viel später wahr. Aber obwohl die Technik kaum noch Probleme bereitet, ist es noch immer schwer, wirklich gute Fotos zu machen. Woran liegt das? Zum einen ist der menschliche Blick (das „menschliche Auge") subjektiv. Alles Gesehene wird von uns gefiltert. Wir sehen das, was wir sehen wollen, und übersehen, was noch ins Bild kommt. Wenn Freispiel dokumentiert wird, halten wir auf die im Spiel versunkenen Kinder und fotografieren gleich den halben Sandkasten und ein paar herumliegende Schaufeln mit. Beim Foto unserer Einrichtung für den neuen Flyer fällt erst später auf, dass im Vordergrund der überquellende Mülleimer stand. Obwohl der Lernfortschritt *eines* Kindes dokumentiert werden soll, sind zufällig noch drei weitere im Bild.

Hinzu kommt, dass Bilder nur zweidimensional sind. Die Räumlichkeit, die wir mit unserem menschlichen Auge wahrnehmen, fehlt ihnen. Auch Bewegungen, Gerüche, Geräusche und Lichtschwankungen werden nicht eingefangen. Bei der Schärfe gibt es ebenfalls Unterschiede. In der Regel können in einem Foto nicht alle Bereiche gleich scharf sein. Anders als das menschliche Auge, fokussiert die Kamera meist auf einen Bereich.

Mit Kindern arbeiten

Der Umgang mit Digitalkamera und Bildbearbeitungs-Software eignet sich ausgezeichnet, um Kindern im Kindergartenalter spielerisch **erste Medienerfahrungen** zu vermitteln. Die meisten Kinder sind mit Kameras bereits aus dem Elternhaus vertraut und haben zumindest schon mittelbaren Kontakt mit diesem Medium gehabt. In Bezug auf Ausstellung und Dokumentation können Kinder über eigene Bilder ihren Eindruck einer Situation festhalten – und vermitteln Erzieherinnen, Eltern und anderen Personen damit oft unerwartete und spannende Einblicke.

Regeln für gelungene Aufnahmen

Gute Fotos entstehen dann, wenn wir uns des Unterschiedes zwischen dem fotografischen und dem menschlichen Auge bewusst werden. Dann lassen sich die Defizite der Kamera ausgleichen und unerwünschte Bildelemente vermeiden.

Regel 1: Auf das Motiv konzentrieren

Was am Wichtigsten auf dem Foto ist, sollte auch den meisten Platz einnehmen. Das heißt nicht, dass Ihr Motiv immer genau in der Mitte platziert sein soll. Eine versetzte Anordnung oder ein angeschnittenes Motiv kann sogar interessanter wirken. Aber je mehr Platz etwas auf dem Bild einnimmt, desto stärker zieht es als Blickfang die Aufmerksamkeit auf sich. Dagegen lenken Bildbestandteile, die eigentlich gar nicht gewünscht sind, schnell vom eigentlichen Motiv ab. Übrigens: Bilder mit Menschen ziehen den Blick stärker auf sich als Stillleben oder Objekte.

Regel 2: Das geeignete Bildformat finden

Querformate sind dem menschlichen Blick ähnlicher als Hochformate. Das liegt daran, dass unsere Augen nebeneinanderstehen und wir deshalb breiter als hoch sehen. Weil das Querformat dem Sehen ähnelt, wird es als ruhig und ausgeglichen empfunden; Hochformate wirken eher ungewohnt, aber auch dynamisch. Vor allem gibt aber das Motiv das Format vor: Ein Banner, das von der Decke hängt, ein Baum, eine große Person werden besser als Hochformat abgelichtet.

Übrigens: Wenn Kinder fotografieren, kümmern sie sich selten um eine ausgeglichene Haltung der Kamera. Stattdessen entstehen oft schräge Bilder. Diese haben ihren ganz besonderen Reiz: „Unsere Kita" aus Kindersicht wird mit Sicherheit einige spannende Einblicke gewähren.

Regel 3: Ausschnitt wählen

Besonders wichtig bei Personenaufnahmen ist der richtige Ausschnitt. Der Fotograf Robert Capa soll einmal gesagt haben: „Wenn deine Bilder nicht gut genug sind, bist du nicht nah genug dran", eine Aussage, die den Nagel auf den Kopf trifft. Auch die mittige Anordnung des Motivs ist zu vermeiden. Langweilig wirken Aufnahmen, die ähnlich wie beim Passbild von vorn und ohne Anschnitt gewählt werden. Bei der Wahl des passenden Bildausschnitts können wir uns darauf verlassen, dass der Betrachter das Gesehene im Kopf ergänzt. Oft ist deshalb eine Nahaufnahme oder ein Ausschnitt aussagekräftiger als eine Totale. Für Personenaufnahmen heißt das, ruhig mal einen Teil am Bildrand verschwinden zu lassen, denn Bilder wirken meist interessanter, wenn sie nicht ganz symmetrisch sind. Wenn Sie sich Ihrem Motiv richtig weit nähern, verschwindet auch gleich der Hintergrund aus dem Bild, der den Betrachter sonst nur ablenkt. Für Nahaufnahmen von Gegenständen können Sie gut mit der Makro-Funktion der Kamera experimentieren (suchen Sie das Blumensymbol auf der Kamera). So können Sie dem Motiv nahe kommen und dennoch scharfstellen.

tung steht ausreichend zur Verfügung. Oft wird mit der Kamera bereits eine Installations-CD mitgeliefert, auf der ein entsprechendes Programm gespeichert ist.

Die grundlegenden Funktionen sind bei den meisten Programmen ähnlich. Im Folgenden wird der Umgang mit dem Systemprogramm Windows Fotogalerie erläutert, das in der Office Version 2007 enthalten ist.

Regel 4: Gute Beleuchtung

Die beste Voraussetzung für schöne Fotos mit guter Beleuchtung ist Tageslicht. Wenn Sie also die Wahl haben, suchen Sie Ihre Motive im Freien, selbst nebeliges oder regnerisches Wetter liefert in der Regel ausreichend helles Licht. Aber Achtung: Grelles Sonnenlicht wirft starke Schatten, die im Foto noch stärker hervortreten. Bessere Aufnahmen entstehen hingegen im Schatten bzw. Halbschatten. Im Inneren schalten die meisten automatischen Digitalkameras gleich den Blitz ein. Gegen Blitzlicht ist an sich nichts einzuwenden, Sie müssen aber bedenken, dass der Blitz nur eine Reichweite von drei bis fünf Metern hat, also kaum einen ganzen Raum ausleuchtet. Außerdem wirken Blitzlichtaufnahmen von Gesichtern schnell hart. Das liegt daran, dass die nahen Flächen des Gesichts durch den hellen Blitz oft zu stark ausgeleuchtet werden, der weiter entfernte Hintergrund dagegen eher dunkel wirkt. Besser als der sehr helle Blitz sind einige Lichtquellen, die indirektes Licht spenden, also beispielsweise mehrere Lampen von oben und von den Seiten.

Bilder bearbeiten

Früher war Bildbearbeitung eine Domäne der Fotografen. Privatpersonen hatten selten Zugang zur entsprechenden Technik. Auch fehlte das nötige Knowhow. Bildbearbeitung war nicht möglich – man „schoss" seine Bilder und hoffte auf das Beste, wenn sie aus der Entwicklung zurückkamen. Heute ist das völlig anders. Digitalfotos lassen sich problemlos nachbearbeiten, und gute Software zur Bildbearbei-

Schritt 1: Bildauswahl

Digitalkameras verführen dazu, Unmengen von Fotos zu schießen. Ein Großteil davon ist aber leider ungeeignet, doppelt oder qualitativ nicht befriedigend. Werden sie unsortiert auf der Festplatte unseres Kita-Computers abgelegt, machen diese Bilder auf die Dauer nicht nur den Rechner immer langsamer. Wo unendlich viele Bilder lagern, fällt die Entscheidung für ein Bild auch besonders schwer. Nachdem Sie also die Fotos vom Kita-Ausflug auf den Rechner übertragen haben, sortieren Sie als Erstes den „Ausschuss" aus.

Schritt 2: Bildbearbeitung

Mit der digitalen Bildbearbeitung können Sie nun Ihre Fotos nachträglich optimieren. Öffnen Sie zunächst das Programm über das Windows-Startmenü. Die Fotogalerie ist in der Regel im Ordner „Zubehör" abgelegt, durch einen Klick auf das Programmsymbol öffnet sie sich. Wenn sich das Programm öffnet, sucht der Computer zunächst nach Bilddateien und stellt eine Verbindung zu ihnen her. Im Fenster links sehen Sie alle Fotos, die sich auf Ihrem Rechner befinden, in der Regel abgelegt in einzelnen Bilderordnern. Das Programm zeigt Ihnen standardmäßig allerdings nur die Fotos, die Sie im Ordner „Eigene Bilder" abgelegt haben. Befinden sich Fotos in weiteren Ordnern, die Sie an anderen Stellen abgelegt haben (z. B. auf dem Desktop), können Sie diese über den Punkt „Ordner zur Galerie hinzufügen …" im Menü „Datei" anzeigen.

Über die linke Verwaltungsleiste können Sie auch auswählen, ob alle Bilder bzw. Bilderordner im Ordner „Eigene Bilder" gezeigt werden oder ob Sie die Auswahl eingrenzen möchten. So können Sie hier z. B. auswählen, dass nur Bilder aus einem bestimmten Aufnahmezeitraum (z. B. 2011) gezeigt werden oder nur bestimmte Ordner. Vor allem, wenn Sie sehr viele Bilder auf Ihrem Rechner haben, kann diese Auswahl sinnvoll sein.

Um ein Bild zu bearbeiten, wählen Sie es durch einen Klick auf das entsprechende Motiv zunächst einmal aus, und wählen dann in der oberen Menüleiste den Punkt „Bearbeiten". Das Bild erscheint sofort groß in einem Extrafenster. Auf der rechten Seite ist eine Liste der Bearbeitungsoptionen:

- ✔ automatisch anpassen,
- ✔ Belichtung anpassen,
- ✔ Farbe anpassen,
- ✔ Foto zuschneiden,
- ✔ Detail anpassen,
- ✔ rote Augen korrigieren,
- ✔ Schwarz-Weiß-Effekte

Automatisch anpassen

Die erste Option eröffnet Ihnen die Möglichkeit, die Optimierung des Bildes automatisch durchführen zu lassen. Oft ergeben sich so schon Verbesserungen der Bildqualität, insbesondere der Helligkeit. Alle Punkte, an denen geregelt werden kann, lassen sich jedoch auch manuell anwählen.

Belichtung anpassen

Über diese Option können Sie Ihr Bild heller oder dunkler einstellen. Wenn Sie den entsprechenden Punkt anklicken, erscheint ein Bearbeitungsfenster mit vier Schiebereglern, welche Helligkeit, Kontrast, dunkle und helle Flächen verändern. Probieren Sie einmal aus, wie sich das Bild verändert, wenn Sie die Regler verschieben.

Farbe anpassen

Verfärbungen beseitigen Sie über die dritte Option. Mit drei Reglern lassen sich hier die Farbtemperatur, der Farbton und die Sättigung anpassen. Bilder erhalten damit eine wärmere oder kühlere Ausstrahlung, werden intensiver oder zurückhaltender in ihren Farben. Testen Sie, was Ihnen gefällt.

Foto zuschneiden

Besonders hilfreich ist diese Funktion, denn sie erlaubt, den Bildausschnitt nachträglich zu verändern. Nichtssagende Fotos mit zu vielen Details werden dadurch vielleicht noch zu sehenswerten Bildern. Beim Klick auf die Option „Zuschneiden" erscheint auf Ihrem Bild ein viereckiger Rahmen mit weißen Eckpunkten. Dieser Rahmen bezeichnet den Ausschnitt, auf den das Foto zugeschnitten wird. Sie können ihn vergrößern oder verkleinern, indem Sie die Eckpunkte mit gedrückter linker Maustaste nach innen oder außen ziehen oder den Ausschnittrahmen einfach im Ganzen verschieben. Dieser Zuschnitt erfolgt entweder benutzerdefiniert, d. h. nach ihren eigenen Vorstellungen. Möglich ist aber auch, dass Sie ein bestimmtes Größenschema einstellen, auf das Ihr Bild zugeschnitten wird, z. B. als Quadrat, als DIN-A4-Format o. Ä.

Rote Augen korrigieren

Bei Blitzlichtaufnahmen kommt es leicht zum „Rote-Augen-Effekt". Mit dem Tool „Rote Augen entfernen" lassen sich die unschönen Verfärbungen hier mit zwei Handgriffen bearbeiten. Einfach mit dem Mauszeiger einen kleinen rechteckigen Rahmen um die verfärbte Stelle ziehen, und sobald Sie die Maustaste loslassen, ersetzt das Programm die rote Stelle mit einer dunkleren Farbe.

Schwarz-Weiß-Effekte

Spannend für die praktische Arbeit mit den Kindern ist schließlich diese Funktion. Durch einen Klick machen sie aus einem Farbbild eine Schwarz-Weiß-Aufnahme, die eine völlig andere Atmosphäre verbreitet als zuvor. Toll wirken Bilder, auf die der Sepia-Effekt angewendet wird – so erscheinen Kinder von heute auf einmal wie Oma und Opa.

Änderungen speichern

Haben Sie alle gewünschten Bearbeitungen durchgeführt? Dann wird das Bild gespeichert. Gehen Sie über den blauen Rückkehr-Pfeil oben links zurück in die Bildergalerie. Dadurch werden alle Änderungen, die Sie vorgenommen haben, gespeichert. Im Bilderordner sehen Sie nun das geänderte Bild. Aber keine Angst, auch jetzt lassen sich alle Änderungen noch rückgängig machen. Öffnen Sie das bearbeitete Bild erneut im Modus „Bearbeiten". Unten rechts erscheint nun eine Schaltfläche „Wiederherstellen", über die Sie Ihr Bild auf den Ursprungszustand zurücksetzen können. Das funktioniert allerdings nur für die Änderungen, die mit der Windows Fotogalerie durchgeführt wurden.

Idee

Verkleiden spielen, sich gegenseitig fotografieren und die Bilder dann auf „alt" bearbeiten und ausdrucken – ein toller Baustein in der Projektarbeit zum Thema Ich, Geschichte, Familie.

Elternbriefe, Plakate und Flyer –
Ihr Aushängeschild

Präsentieren und informieren, das geht nicht nur persönlich. Sie können schließlich nicht überall sein. Mit Druckwerken informieren Sie über Ihre Einrichtung jedoch ebenso wirksam, als wären Sie selbst vor Ort. Keine Kita sollte heute auf gut gestaltete Informationsmedien verzichten. Plakate, Faltblätter und Aushänge tun aber noch mehr, als über Ausstellungen, den nächsten Turntermin oder das Sommerfest zu informieren. Mit ihrer äußeren Form transportieren diese Medien viel Information über die Einrichtung an sich: Handelt es sich um ein professionell geführtes Haus? Sind die Mitarbeiterinnen auch technisch auf

dem neuesten Stand, oder verweigern sie sich der Entwicklung rund um Computer und Internet? Geben sich die Mitarbeiterinnen Mühe, wenn sie über Veranstaltungen informieren? Was ist das Profil der Einrichtung, wo liegen Schwerpunkte?

Auf den folgenden Seiten erfahren Sie, wie Sie diese Informationsmedien individuell und ansprechend gestalten und so am besten für sich nutzbar machen können, um Ihre Einrichtung einer breiteren Öffentlichkeit professionell zu präsentieren.

Nicht zu unterschätzen –
Plakate, Flyer und Co. gekonnt gestalten

Fragen, die Sie stellen sollten

Auch wenn Ihnen das zunächst weit hergeholt scheint – die Gestaltung Ihrer Informationsmedien sagt viel über Ihre Einrichtung aus. Eine private Kita für Mitarbeiter eines Großunternehmens tritt anders auf als eine kirchliche Einrichtung. Ein Waldkindergarten wird sich auch in der Gestaltung seiner Informationsmedien von einer Kita abheben, die sich Frühförderung und mediale Bildung auf die Fahnen geschrieben hat. Ein kleines Team einer Elterninitiative tritt anders auf als eine große Einrichtung mit etlichen Gruppen, Hort und Krippe. Wer Geborgenheit ganz groß schreibt, entscheidet sich für andere Farben und Gestaltung als ein „Haus der kleinen Forscher".

Unabhängig von Größe, Ausrichtung und Trägerschaft sollten Sie auf eine professionelle Gestaltung achten. Das muss nicht heißen, dass alles von einer Werbeagentur entworfen und in der Druckerei gedruckt wird. Professionell vorzugehen heißt, dass Sie sich bei der Gestaltung grundsätzlich immer die folgenden drei Fragen stellen und die Antworten bei der Umsetzung konsequent berücksichtigen:
- ✔ Wen sprechen Sie an?
- ✔ Wie ist die Situation beim Lesen und Betrachten?
- ✔ Was wollen Sie konkret erreichen?

Antworten für die Gestaltung finden

Wen sprechen Sie an?

Überlegen Sie: An wen richten sich Ihre Informationen? In den meisten Fällen werden das die Eltern sein. Aushänge, Festschriften, Konzeption oder Projektbeschreibungen sprechen sie an.

Aber auch andere Zielgruppen werden angesprochen. Plakate, mit denen Sie zur Ausstellungseröffnung oder dem Tag der offenen Tür einladen, wenden sich an Gemeindemitglieder, Nachbarn und Bekannte ebenso wie an die Eltern der Kita-Kinder.

Ein Faltblatt zur Selbstdarstellung richtet sich auch an Personen, die Ihre Einrichtung bisher nicht kennen, nämlich die Eltern zukünftiger Kita-Kinder. Handzettel, mit denen Sie zum Weihnachtsbasar oder zur Kleiderbörse einladen, liegen an öffentlichen Orten, wie Geschäften oder Arztpraxen, aus und müssen hier ihr Publikum ansprechen.

Denken Sie auch daran, dass viele Informationsmedien Ihrer Einrichtung auch an den Träger, politische Entscheidungsträger und Kooperationspartner, wie Jugendamt, Vereine, Ärzte oder Grundschule, weitergereicht werden.

Nicht alle Personen der Zielgruppe kennen also den Kindergarten bereits, und nicht alle sind Eltern von Kindergartenkindern. Für die Gestaltung heißt das:
- ✔ **Wiedererkennbar sein**, z. B. durch den konsequenten Einsatz Ihres Logos sowie bestimmter Farben und Schriften.
- ✔ **Professionell sein**, z. B. indem Sie, soweit möglich, am PC arbeiten und grundlegende Regeln der Gestaltung berücksichtigen.
- ✔ **Thema „Kind" vermitteln**, z. B. durch den Einsatz entsprechender Bilder, klarer, reiner Farben und passender grafischer Elemente.
- ✔ **Vorwissen berücksichtigen** (oder auch dessen Nichtvorhandensein), z. B. indem Sie Ihre Adresse, Ansprechpartner und Ansprechzeiten kommunizieren oder Fachausdrücke vermeiden bzw. erläutern.

Gut zu wissen

„Kind" ist nicht gleich „kindlich". Wenn die Zielgruppe Erwachsene sind, verzichten Sie deshalb lieber auf Niedliches, wie z. B. Bärchen, Blümchen oder Ähnliches. Nur dann können Sie erwarten, als Pädagogin ernst genommen zu werden.

Wie ist die Situation beim Lesen und Betrachten?

Die Gestaltung hängt ganz wesentlich von der Frage ab, in welcher Situation eine Information gelesen wird. Handelt es sich um ein Plakat an der Tür der Bäckerei, das im Vorbeigehen wahrgenommen wird? Dann muss die Schrift darauf groß und so gut lesbar sein, dass sie schnell ins Auge fällt und auch aus einiger Entfernung erkennbar ist. Die notwendige Größe und die Kürze der Betrachtungszeit beschränken auch die Textmenge.

Oder gestalten Sie einen Aushang fürs Schwarze Brett? Auch hier muss plakativ gearbeitet werden, denn niemand steht gern lange im Flur, um sich im Stehen ein vollgedrucktes Blatt Papier durchzulesen. Farbe, Schrift, Format und grafische Elemente sorgen dafür, dass sich der Aushang von anderen abhebt und seine Zielgruppe erreicht.

Eine Selbstdarstellungsbroschüre in Form eines Faltblatts muss ebenfalls schnell zum Punkt kommen. Ein ansprechendes Bild, eine fesselnde Titelzeile und ein deutlich erkennbarer Absender sind wichtige Elemente der Gestaltung für den Titel. Im Inneren kann etwas mehr Text stehen – Broschüren werden gelesen, wenn sie erst einmal als „passend" identifiziert wurden. Dennoch sollte der Text zum Lesen einladen, und die Wahl der Schrift, ihre Größe, die Gliederung durch Absätze, Überschriften etc. sollte das Lesen leicht machen. Wie bedauerlich, wenn der mit viel Arbeit verfasste Text der Konzeption oder der Selbstdarstellung letztlich nicht gelesen wird, weil er als Bleiwüste auf den ersten Blick abschreckt.

Was wollen Sie konkret erreichen?

Auch die Absicht, die hinter einem Druckwerk steht, hat Einfluss auf die Gestaltung:

Wollen Sie auf den Tag der offenen Tür aufmerksam machen? Oder auf ein anderes Anliegen, das Zielgruppen auch außerhalb der Kita anspricht? Dann ist ein **Plakat** die richtige Wahl.

Für die Information über die Einrichtung vor Ort eignen sich **Ausstellungswände** mit überschaubaren, gut lesbaren Texten.

Das **Faltblatt** soll neugierig machen und Ihre Stärken vermitteln. Auf Grund des beschränkten Raums kann es nicht allzu viel Text enthalten.

Für tiefergehende Informationen über Projekte und/ oder pädagogische Themen eignen sich Medien wie die **Konzeption**, der **Elternbrief** oder **Broschüren**.

Der **Aushang** am Schwarzen Brett informiert Eltern vor Ort über Wichtiges und Wissenswertes, er muss ins Auge fallen und schnell zum Punkt kommen.

Auf einen Blick: die Gestaltung planen

Beantworten Sie für sich diese Fragen, denn durch die Antworten entfallen schon viele mögliche Gestaltungsvarianten.

Wen sprechen Sie an?
Was wissen die Personen über Ihr Thema, was müssen sie unbedingt wissen?

Wie ist die Situation beim Lesen und Betrachten?
Im Vorbeigehen oder in Ruhe, Konkurrenz durch andere Druckwerke, Flyer, Plakate (z. B. im Supermarkt, beim Kinderarzt o. Ä.)?

Was wollen Sie konkret erreichen?
Zum Beispiel sachliche Information geben, Image transportieren, zum Handeln auffordern, Einladen, die Einrichtung bekannt machen, neue Eltern ansprechen …?

Das Auge liest mit –
Grundlagen professioneller Gestaltung

Gut zu wissen

Die Gestaltung eines Druckwerks (oder einer Fläche wie der Ausstellungswand) bezeichnet man als „Layout". Der Begriff kommt aus dem Englischen. Übersetzt heißt er so viel wie „Plan" oder „Entwurf".

So geht es:
Den Anfang finden

Praktisch funktioniert der erste Schritt zu einem gelungenen Layout am besten mit einem „Scribble" (englisch für Gekritzel). Zeichnen Sie mit dem Bleistift eine grob maßstabsgetreue Skizze Ihres Vorhabens auf ein Blatt Papier, und verteilen Sie hier schon einmal die wichtigsten Elemente. Wohin kommen die Bilder? Welche Texte haben Sie? Denken Sie auch an das Logo und an weitere feste Bestandteile, wie den Namen der Einrichtung, Telefonnummer oder andere. Übrigens

Objekte mit Hilfe von Farbflächen verteilen.

stehen auf dem Scribble keine ausformulierten Texte oder Überschriften. Texte, Textblöcke und auch Bilder sowie Objekte werden nur angedeutet bzw. symbolisch dargestellt.

Scribble für ein Plakat.

Tipp

Die Anordnung von Bildern und Texten im Raum können Sie auch mit Hilfe von farbigen Flächen austesten, die auf der Grundfläche hin- und hergeschoben werden. Der Bereich der Grundfläche, der bedruckt wird, heißt auch „Satzspiegel".

Eine **Grundregel** für die Anordnung der Elemente auf der Grundfläche besagt, dass freie (leere) Räume, die links und oben erscheinen, auf den Betrachter angenehm und luftig wirken. Freie Flächen am rechten und unteren Seitenrand wirken dagegen schnell als ungewollte Lücke.

Blickfang schaffen

Neben ausreichend breiten Rändern sollte jede Seite Ihres Druckwerks einen Blickfang enthalten, der das Auge des Betrachters als Erstes auf sich zieht. Das gilt übrigens sowohl für ein Plakat als auch für den Flyer zur Selbstdarstellung oder die Konzeption. Mit dem Blickfang sorgen Sie für Spannung, lenken den Blick des Betrachters und transportieren erste wichtige Informationen. Ihr Blickfang kann sowohl eine aussagekräftige Überschrift als auch ein Bild oder ein grafisches Objekt wie Ihr Logo sein. Auch Farben oder Farbkontraste können den Blick auf sich ziehen.

Der Blickfang ist zwar in der Regel nur ein Objekt, kann aber auch aus zwei aussagekräftigen hervorgehobenen Elementen (z. B. Überschrift und Bild) bestehen. Sie sollten sich dann allerdings inhaltlich aufeinander beziehen und nicht zwei unterschiedliche Bedeutungen haben. Auf Ihrem Aushang zum Waldtag könnten das etwa die Überschrift „Waldtag" und ein entsprechendes ClipArt sein. Beim Flyer zur Selbstdarstellung könnte das ein Foto der Einrichtung in Kombination mit dem Logo und Namen Ihrer Kita sein. Wichtig ist, dass Sie bewusst einen Blickfang schaffen, der die Kernaussage Ihres Druckwerks vermittelt. Bei der Suche nach dem Blickfang hilft die Frage nach dem Ziel oder der Intention des Druckwerks (*„Was wollen wir mit dem Plakat aussagen? Worum geht es?"*). Lassen Sie sich dagegen nicht verleiten, einen Blickfang einfach nur deshalb zu schaffen, weil ein bestimmtes Bild Ihnen gerade so gut gefällt.

Gruppen bilden

Hier ein Bild, da ein paar Zeilen, hier eine weitere Info – das wirkt zerfasert und unübersichtlich. Achten Sie schon beim Anordnen der Elemente innerhalb der zur Verfügung stehenden Fläche darauf, Zusammengehöriges auch zusammenzulegen. Inhalte, die zusammengehören, sollen auch optisch eine Einheit bilden und sich durch Leerräume von anderen Gruppen abheben. Das gilt natürlich ebenso für Texte wie für Bilder.
Konkret angewendet, bedeutet die Gruppenregel, dass

✔ Logo und Name der Einrichtung in der Regel zusammenstehen.

✔ Aufzählungen durch Gliederungspunkte gekennzeichnet werden und eine optische Einheit bilden. Das ist der Fall, wenn der Abstand der Aufzählungspunkte zueinander kleiner ist als der Abstand der Aufzählung zum übrigen Text.

✔ Zwischenüberschriften dem Textabschnitt, auf den sie sich beziehen, eindeutig zugeordnet werden können. (Der Abstand zwischen Überschrift und dem zugehörigen Textblock ist kleiner als der zwischen dem Textblock und der darauffolgenden Zwischenüberschrift.)

✔ inhaltlich zusammengehörende Angaben (Adresse, Bankverbindung etc.) eine optische Einheit bilden. Richten Sie solche Angaben an einer einheitlichen linken oder rechten Kante aus, und achten Sie auf ausreichend Abstand zu weiteren Elementen. So entsteht ein „Textblock".

✔ freie Räume bewusst eingesetzt werden, um Gruppen voneinander abzusetzen. Das heißt auch, dass Drucksachen ihren Inhalten ausreichend „Platz zum Atmen" lassen und nicht mit Informationen vollgestopft werden.

Von Groß nach Klein

Unabhängig davon, ob Sie Plakat, Aushang oder Faltblatt gestalten wollen (oder ein ganz anderes Projekt planen), setzt sich jedes Druckerzeugnis aus einigen gleichbleibenden Bestandteilen zusammen:
✔ Papierformat,
✔ Seitenaufteilung,
✔ Farben,
✔ Bilder und Grafiken,
✔ Schrift.

Bei all diesen Elementen, die sich zu einem ansprechenden Ganzen fügen sollen, ist es leicht, den Überblick zu verlieren: *„Das Bild von unserer Matschbahn ist so toll, das soll ganz groß werden!"* Oder: *„Bei der anderen Einrichtung habe ich so eine schöne verspielte Schrift gesehen, die können wir für unseren Flyer auch nehmen!"* – Wer so an die Gestaltung herangeht, läuft Gefahr, sich zu verzetteln.

Das beste **Rezept gegen Gestaltungschaos** besteht darin, die richtige Reihenfolge bei der Sortierung der Elemente einzuhalten. Als **Faustregel** gilt: Es wird von Groß nach Klein gestaltet.

Wenn das Format feststeht, bestimmen Sie als Nächstes die Seitenaufteilung. Abhängig davon, ob ein Faltblatt, ein Aushang oder eine Einladung gestaltet wird, ist selbstverständlich die Aufteilung der Fläche und ihre Ausrichtung in Hoch- oder Querformat. Der Satzspiegel legt innerhalb der gewählten Grundfläche fest, welche Teile des Papiers bedruckt werden. Mit einem Gestaltungsraster können Sie bestimmen, wie Texte und grafische Elemente zueinander ausgerichtet werden. Hintergrund und Farben sind das dritte Element, dann erst folgt die Platzierung von Bildern und Texten. Zuletzt werden schmückende Elemente und Schriftarten und Schriftgröße bestimmt.

Faustregel für die Gestaltung

Halten Sie bei der Gestaltung die richtige Reihenfolge ein, indem Sie von Groß nach Klein vorgehen:

1. Format
2. Gestaltungsraster
3. Farbe/Hintergrund
4. Platzierung der Bilder
5. Platzierung der Texte
6. Grafische Elemente
7. Schrift und Schriftgröße

Gestaltung im Fokus –
Layout-Element 1: Format

Zuerst wird das **Papierformat** (Grundfläche) bestimmt. In der Regel arbeiten wir mit DIN-Formaten (schon aus Kostengründen bietet sich das an). Das Format DIN A4 eignet sich für den Aushang am Schwarzen Brett ebenso wie für Elternbrief, Kita-Zeitung und Flyer. Indem wir das Blatt vom Hochformat zum Querformat drehen, es einmal oder mehrfach falten, bietet uns dieses Grundformat eine Vielzahl von Gestaltungsmöglichkeiten. Außerdem lässt es sich im Drucker ohne großen Aufwand beschriften, passt in jeden Briefumschlag und muss nicht aufwändig zugeschnitten werden.

Auch Plakate haben in der Regel DIN-Maße. Das Format DIN A3 (doppelt so groß wie DIN A4) eignet sich gut für unsere Zwecke, weil es sich als Aushang noch problemlos in Geschäften, Arztpraxen und anderen öffentlichen Orten aushängen lässt. Auch ist die Gestaltung dieses Formats auch noch mit einfachen technischen Mitteln machbar. Allerdings erst ab DIN A2 sprechen Profis von Plakatmaßen, auch diese Größe lässt sich gestalten.

Gut zu wissen

Abweichende Seitenformate sind zwar aufwändiger, sorgen aber auch für mehr Aufmerksamkeit. Sie eignen sich immer dann, wenn nur relativ kleine Auflagen produziert werden, z. B. bei einer Einladung zum Elternabend. Dann kann der Nutzen den zusätzlichen Arbeitsaufwand rechtfertigen.

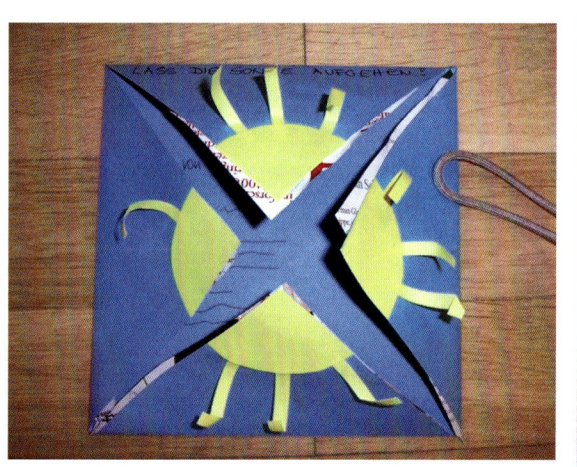

Dieses Format fällt auf!

Gestaltung im Fokus –

Layout-Element 2: Seitenaufteilung

Wozu ein Raster?

Damit Layout-Elemente harmonisch angeordnet werden und für den Betrachter kein optisches Chaos entsteht, greifen Gestalter gern auf das Instrument eines Rasters zurück. Dieses „Gestaltungsraster" haben wir bereits im Kapitel über Ausstellungsgestaltung kennengelernt. Mit seiner Hilfe wurden Bilder und andere Elemente auf einer Ausstellungswand angeordnet.

Im Fall eines Druckwerks nimmt die Grundfläche des Papiers die Rolle der Ausstellungswand ein, Überschriften, Texte und Bilder entsprechen den Fotos und weiteren Objekten, die wir auf der Ausstellungswand präsentieren.

Das Raster teilt die bedruckte Fläche (Satzspiegel) gitterförmig in einzelne Rasterflächen auf. Getrennt werden die Rasterfelder durch Zwischenräume, so wird gewährleistet, dass sich Bilder und Textspalten nicht berühren. Im Prinzip ist das gedachte Raster aus vertikalen (senkrechten) und horizontalen (waagerechten) Linien, mit dem die Fläche strukturiert wird, völlig beliebig. Die vertikalen Linien ergeben sich oft aus der Spaltenbreite, horizontale Rasterlinien entsprechen einer bestimmten Anzahl von Textzeilen.

Für unsere Entwürfe führt die Entwicklung eines eigenen Gestaltungsrasters aber zu weit. Wir merken uns lediglich, dass Texte und Bilder bündig zueinander ausgerichtet werden und dass bei mehrseitigen Dokumenten, wie einem Flyer, der Kita-Zeitung oder der Konzeption, gleiche Seitenränder und Spalteneinteilungen zu wählen sind. Werden auf einer Seite z. B. mehrere Fotos gezeigt, werden sie nicht kreuz und quer angeordnet. Stattdessen stimmen ihre Außenkanten überein (wenigstens auf einer Seite).

Harmonische Seitenaufteilung im Satzspiegel

Außerdem beachten wir, dass längerer Text in Spalten besser lesbar ist. Schon auf der Breite eines DIN-A4-Formats kann Text in zwei Spalten angeordnet werden, z. B. für eine Kita-Zeitung, einen Elternbrief o. Ä.

Wenn Druckwerke am PC erstellt werden, ist der Satzspiegel durch die eingestellten Seitenränder bereits vorgegeben. Die im Textverarbeitungsprogramm Word für Windows vorgegebenen Ränder betragen links, rechts und oben je 2,5 cm, unten 2 cm. Das ist an sich kein Problem, beachten Sie aber, dass breitere Ränder großzügiger und angenehmer wirken, während schmale Seitenränder leicht dazu verführen, eine Seite zu „voll" zu machen. Die vorgegebenen Ränder sind daher für einen Brief gut geeignet, für einen Aushang aber zu klein.

Unter dem Menüpunkt „Seitenränder" bzw. „Seite einrichten" können diese Ränder nach unseren Anforderungen verändert werden. In der Praxis bietet sich für den flexiblen Einsatz auf der Grundfläche eines DIN-A4-Formats eine Einrichtung der Ränder nach dem Prinzip einer Zahlenreihe an. Die Zahlenreihe, nach der die Ränder einer Einzelseite festgelegt werden, lautet: 3 : 3 : 3 : 5 oder 3 : 2 : 3 : 5. Die erste Zahl legt den rechten äußeren Rand fest, die zweite den oberen (Kopfsteg), die dritte den linken und die vierte den unteren Rand (Fußsteg). Die Zahlen stellen keine festen Werte (z. B. Zentimeterangaben) dar, sondern legen nur das Verhältnis fest, das speziell auf einem DIN-A4-Format für eine harmonische Seitenaufteilung sorgt. Die Abbildung verdeutlicht dies:

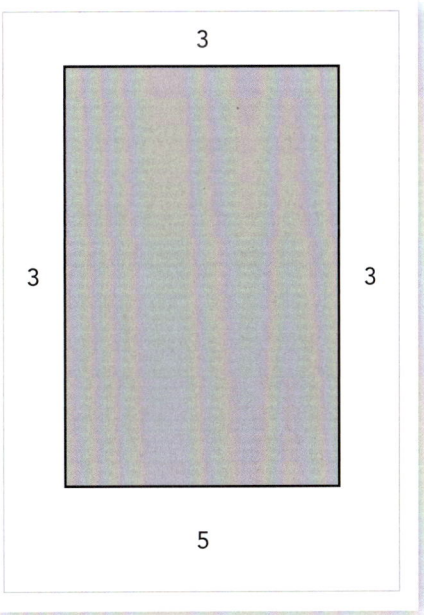

Seitenränder in diesem Verhältnis wirken harmonisch.

Die Wirkung des Satzspiegels lässt sich mit der Einrichtung eines Raums vergleichen: Je mehr und je schwerere Möbel darin verteilt werden, desto schneller wirkt der Raum vollgestellt und bedrückend. Locker möblierte, helle und luftige Räume wirken dagegen elegant. Grundsätzlich empfinden wir Seiten mit breiten Rändern als elegant. Schmale rechte und linke Seitenränder machen einen Satzspiegel schwer, breite Seitenränder lassen ihn leicht wirken.

Kann spannend sein

Der Begriff „Satzspiegel" bezeichnet die Fläche einer Seite, die bedruckt wird. Spannung entsteht oft dann, wenn einzelne Gestaltungselemente wie ein Bild oder eine Grafik außerhalb des Satzspiegels stehen bzw. diesen durchbrechen.

Buch-Tipp

In Claudia Runks Buch mit dem Titel „Grundkurs Grafik und Gestaltung", das 2010 bei Galileo Press erschienen ist, finden Sie weitere Möglichkeiten, wie man Satzspiegel und Gestaltungsraster erstellen kann.

Fünf Grundregeln für die harmonische Anordnung im Satzspiegel

1. Seite nicht überfrachten
Beschränken Sie sich auf ca. fünf Elemente pro Seite (z. B. Überschrift, Textblock, Logo, Fotos).

2. Viel Leerraum lassen
Informationen brauchen Raum zum „Atmen" – achten Sie auf breite Ränder, und grenzen Sie Gruppen durch Leerraum voneinander ab. Konzentrieren Sie Texte in Textblöcke oder „Textinseln", statt mit Schriftzeilen das ganze Blatt von links nach rechts zu bedecken. So schaffen Sie mehr Spannung.

3. Text und Bild an einem unsichtbaren Raster ausrichten
Hängen Sie Bilder und Texte an einer gedachten „Wäscheleine" auf, sodass der obere Rand gleich ist. Achten Sie auch bei der vertikalen Ausrichtung darauf, Elemente bündig anzuordnen. Den unteren Seitenrand können Sie mit einer Linie oder einem farbigen Balken betonen. Damit wird das Blickfeld nach unten optisch abgeschlossen.

4. Einheitlich sein
Verwenden Sie immer gleiche Abstände zwischen Überschrift und Text, Bild und Bildunterschrift oder Bild und Text, ebenso wie gleiche Randbreiten. Das gilt sowohl für mehrseitige Publikationen (Flyer, Konzeption etc.) als auch für Aushänge und Plakate. Auch grafische Elemente, wie das Logo oder wiederkehrende Formen, wirken einheitlich. Konsequent eingesetzt, entwickeln Sie damit ein typisches Erscheinungsbild, das Eltern und andere Zielgruppen auf den ersten Blick mit Ihrer Einrichtung verbinden. Fachleute sprechen auch vom „Corporate Design".

5. Hingucker schaffen
Jede Seite sollte einen „Hingucker" oder Blickfang haben, der das Auge als Erstes auf sich zieht. Blickfang kann eine fette Überschrift, ein Bild, eine Grafik oder ein auffälliger Farbkontrast sein. Gute Positionen für den Blickfang sind die Punkte oben links oder unten rechts. Dorthin schauen die meisten Menschen zuerst. Durch auffällige Gestaltung und Formensprache kann aber auch ein Element an einer anderen Stelle schnell zu einem wirkungsvollen Hingucker werden.

Praktische Arbeitshilfe – einheitlich layouten mit eigenen Vorlagen

In Word für Windows können Sie leicht Vorlagen für Ihre Druckwerke einrichten, die genau die Einstellungen haben, die Sie sich ausgedacht haben. So stellen Sie sicher, dass alle Aushänge gleiche Randbreiten haben, und müssen nicht jedes Mal von Neuem beginnen, einzelne Dokumente einzurichten.

So geht es:

✔ Erstellen Sie ein leeres neues Dokument.

✔ Wählen Sie den Bearbeitungspunkt „Seitenränder" im Menü Seitenlayout, und geben Sie unter „Benutzerdefinierte Ränder" Seitenränder in der gewünschten Breite ein.

✔ Wählen Sie hier auch unter dem Bearbeitungspunkt „Orientieren", ob Ihr Dokument im Hoch- oder Querformat angelegt wird.

Nun können Sie noch weitere Gestaltungsvorgaben festlegen:

✔ Wählen Sie im Menü „Start" z. B. eine Schriftart, Schriftgröße und Schriftfarbe sowie Ausrichtung aus (z. B. Rockwell Extra Bold, 24 Punkt, blau, zentriert). Diese Angaben beziehen sich jetzt auf die erste Zeile Ihres Dokuments, in der die Überschrift stehen soll.

✔ Schreiben Sie nun ein Platzhalterwort, z. B. „Überschrift". Später werden Sie dieses Wort überschreiben, es hilft Ihnen aber zunächst, sich auf Ihrer Vorlage zu orientieren.

✔ Wenn Sie wissen, dass Sie immer in der nächsten Zeile unter der Überschrift in einer anderen Schrift weiterschreiben wollen, geben Sie nun mit der „Enter"-Taste einen Zeilenwechsel ein und ändern die Vorgaben für die Schrift nach Ihren Wünschen (z. B. in Comic Sans, 16 Punkt, schwarz, zentriert). Geben Sie hier auch einige Wörter als Platzhalter ein.

✔ Soll immer ein bestimmtes Element, z. B. ein Logo oder eine Absenderadresse, auf Ihren Vorlagen erscheinen, fügen Sie dieses Element nun ebenfalls ein.

✔ Grafiken fügen Sie über das Menü „Einfügen" ein, für Textelemente, wie eine Adresse, platzieren Sie den Cursor an der gewünschten Position und geben den Text in der Größe und Ausrichtung ein, wie er immer wieder erscheinen soll.

✔ Wenn alle Elemente vollständig sind, wählen Sie im Startmenü „Speichern unter". Wählen Sie als Dateityp „Word Vorlage", und geben Sie Ihrer Vorlage einen passenden Namen (z. B. „Aushang"), und bestätigen Sie mit „Speichern". Word speichert Ihre Vorlage automatisch in der Bibliothek unter „Dokumente" im Ordner „Meine Vorlagen" ab. Ihre Vorlage „Aushang" ist jetzt gespeichert.

✔ Beim nächsten Mal wählen Sie im Startmenü den Punkt „Neu" und wählen unter „Neu von vorhandenen Vorlagen" das entsprechende Muster aus.

Gestaltung im Fokus –
Layout-Element 3: Farben

„Bunt ist meine Lieblingsfarbe."
(Walter Gropius)

Neben Format und Seitenaufteilung sind Farben ein drittes wichtiges Gestaltungselement. Gerade im Kita-Bereich werden aus Kosten- und Zeitgründen Informationsmedien oft per Kopierer oder Drucker auf farbiges Papier ausgegeben. Da macht es Sinn, die Wirkung der Farben nicht zu vernachlässigen. Aber auch, wenn wir ein Logo gestalten, Visitenkarten, Briefpapier und Faltblatt zur Selbstdarstellung im Offset-Verfahren drucken lassen oder einen Plakatentwurf im Copy-Shop ausdrucken, lohnt sich ein Blick auf die Farbgebung.

Grundsätzliches zu Farbwahl und Farbwirkung

Die Farbwahl sollte die Aussage unterstützen. Deshalb sollten wir uns über die Wirkung der Farben bewusst sein. Eine kurze Übersicht über die Wirkung der Farben finden Sie auf den nächsten Seiten. Auch sind etliche Farben bereits durch große Unternehmen oder bekannte Marken belegt. Denken Sie nur an das kräftige Gelb der Post oder das auffällige Magenta der Telekom, das Nivea-Blau oder das typische Coca-Cola-Rot. Wer diese Farben einsetzt und vielleicht noch eine ähnliche Formsprache wählt, läuft Gefahr, dass Betrachter die Eigenschaften des Unternehmens auf die eigene Einrichtung übertragen.

Die Farbwirkung ist auch immer vom Mischverhältnis abhängig. Denken Sie an die Versuche der Kinder mit dem Tuschkasten ... Besonders kräftig und leuchtend sind die Primärfarben. Wenn Farben untereinander gemischt werden bzw. wenn Schwarz oder Weiß einer Farbe zugemischt werden, kann sich auch die Wirkung einer Farbe ändern. Eine Kombination aus mehreren Primärfarben (Rot, Gelb, Blau, Grün) wird übrigens schnell mit Kindern in Verbindung gebracht.

Um die richtige Farbe für die Gestaltung von Faltblatt, Plakat und Aushang zu wählen, müssen neben der Wirkung der Farben noch weitere Faktoren beachtet werden:

Machbarkeit

Technische Voraussetzungen schränken ein – wer mit einem Schwarz-Weiß-Drucker arbeitet, kann lediglich mit dunkler Schrift auf farbigem Hintergrund arbeiten. Allenfalls lassen sich einzelne Elemente von Hand nachkolorieren. Die Entscheidung für einen ganz bestimmten Farbton oder für komplexe Gestaltung mit Farbe ist nur umzusetzen, wenn gedruckt wird. Beim klassischen Ausdruck auf farbigem Schreibmaschinenpapier sollte auch die Lesbarkeit bedacht werden. Grundsätzlich gilt: Dunkle Schrift auf hellem Untergrund (z. B. schwarz auf weiß) ist besonders gut lesbar. Je dunkler der Hintergrund, desto schlechter lässt sich schwarze oder graue Schrift darauf entziffern.

Die bunte Schrift weist eindeutig auf das Thema „Kind" hin. Was der „Kindergarten QNH" ist, wissen aber nur Eingeweihte.

Bestehende Gestaltungsvorgaben

Wiedererkennbarkeit ist eine sehr wichtige Anforderung an unsere Gestaltung. Sie schränkt allerdings auch bei der Farbwahl ein. Wenn eine Einrichtung ihren Namen schon immer in Mintgrün geschrieben hat, irritiert ein plötzlicher Wechsel zu Orange. Eine Veränderung eines bestehenden Farbklimas ist zwar möglich, muss aber gut bedacht werden. Anders gesagt: Wenn der Schriftzug Ihrer Kita grün ist, sollte er auch grün bleiben, und nicht mal rot, mal blau, mal lila sein. Stellen Sie im Team fest, dass Grün nun wirklich gar nicht mehr zu Ihnen passt, ändern Sie die Farbe – aber bitte konsequent.

Farbe als Gestaltungselement

Bewusst eingesetzt, kann Farbe in der Gestaltung helfen, Inhalte sichtbar zu machen, Wiedererkennbarkeit zu erreichen und Gruppen (Inhalte, die zusammen gehören) sichtbar zu machen. Damit das allerdings auch funktionieren kann, sollten Sie

✔ Farbe sparsam einsetzen, d. h. nicht zu viele Farben für Überschriften, Hintergrund, Grafiken und andere Elemente verwenden. Informationen rund ums Thema „Kind" dürfen zwar bunt sein, zu bunt wirkt aber leicht unübersichtlich.

✔ Farbe konsequent einsetzen (z. B. alle Überschriften in einer Farbe, wiederkehrende Elemente immer in einer Farbe).

✔ Farbwirkung beachten (Rot signalisiert z. B. „Achtung" und ist weder als Grundfarbe noch als Schriftfarbe geeignet – es sei denn, Sie wollen auf einen wichtigen Sachverhalt hinweisen).

Postkarte Yoga in warmen Brauntönen.

Postkarte Yoga in kühlen Blautönen – der Eindruck ist ein ganz anderer.

Wie Farben wirken

Unterschiedliche Faktoren spielen also bei der Auswahl der „richtigen" Farbe eine Rolle: Machbarkeit, Gestaltungsvorgaben und die gewünschte Aussage. Ein grundlegendes Wissen darüber, wie Farben (zusammen) wirken, ist besonders dann von Bedeutung, wenn Sie sie bewusst als Gestaltungselement einsetzen wollen, um Ihre Inhalte deutlich zu machen und Ihre Aussage zu unterstreichen.

Grundsätzliches

Farben wirken nie für sich allein, wichtig sind immer das Umfeld, in dem sie stehen, und die übrigen Farben, mit denen sie kombiniert werden:

✔ Helle Farben wirken in unserem Kulturkreis heiter und positiv, sie stehen für die freundlichen Seiten des Lebens. (In anderen Gegenden kann das ganz anders sein, so gilt in Japan beispielsweise Weiß als Farbe der Trauer.)

✔ Dunkle Farben werden oft verwendet, um negative Aussagen zu unterstreichen. Dunkle Töne können aber auch sehr edel wirken.

✔ Komplementärfarben (liegen einander im Farbkreis gegenüber, z. B. Blau und Orange, Rot und Grün, Lila und Gelb) wirken gegensätzlich und sorgen für starke Aufmerksamkeit. Sie ergänzen einander aber auch.

✔ Ein monochromes Farbschema (Variationen einer Farbe) wirkt vereinheitlichend und harmonisch.

✔ Die Kombination von Farben, die auf dem Farbkreis nebeneinander liegen (analoge Farben, z.B Rot, Lila und Blau, Blau, Grün und Gelb, Orange und Rot), wirkt harmonisch.

✔ Kontrastierende Farben (Kombination aus Hell und Dunkel, Rot, Gelb und Blau) wirken ausgewogen.

Jede einzelne Farbe hat zusätzlich bestimmte Bedeutungen, die aus kulturellen Einflüssen und Traditionen herrühren. Auch diese Farbwirkung sollte zumindest bekannt sein, denn sie beeinflusst, wie Druckmedien wahrgenommen werden.

Gelb ist eine beliebte Farbe für Kita-Druckwerke.

Die Farbe Gelb

Gelb ist die leuchtendste Farbe und gilt als Farbe von Heiterkeit, Schwerelosigkeit und Wahrheit. Sonniges Gelb erinnert uns an Wärme, Leuchtkraft und Sonne. Die Farbe ist dem Gold verwandt und wird deshalb auch mit Reichtum in Verbindung gebracht. Ihre Stimmung ist anregend.

Doch Gelb kann, besonders wenn es ins Grünliche übergeht, auch negativ sein: Dann wird es als Farbe von Neid, Eifersucht und Feigheit wahrgenommen. Besonders stark leuchtet Gelb in der Kombination mit Blau. Aber Vorsicht – diese Kombination wirkt schnell billig, ebenso wie die Kombination aus Schwarz und

Bei diesem Schild ergänzen sich die Alarmfarbe Rot und das Symbol „Achtung".

Gelb. Kombiniert mit Rot signalisiert Gelb Gefahr. Diese Kombination ist sehr dominant und sollte vorsichtig eingesetzt werden.

Die Farbe Rot

Rot ist eine besonders warme Farbe. Sie steht für Hitze, Ehrgeiz, Leidenschaft und Fieber. Die Farbe der Liebe ruft Emotionen hervor und steht für Sinnlichkeit, Mut und Willenskraft. Gleichzeitig heißt es aber auch, dass wir „rot sehen", wenn wir sehr wütend sind. Rot ist auch die Farbe von Aggression und Zorn. Seine Stimmung ist beunruhigend.

Rot gilt als starke Signalfarbe, die immer dann zum Einsatz kommt, wenn Aufmerksamkeit gefragt ist. International sind deshalb viele Warnschilder im Straßenverkehr rot gestaltet.

Die Farbe Blau

Blau ist im Gegensatz zu Rot die kälteste Farbe im Farbspektrum. Doch wird dieser Farbe auch nachgesagt, sie wirke beruhigend. Angeblich löst Blau seelische Anspannung und wird deshalb bei der Behand-

Blau symbolisiert Weite, steht aber auch für Sicherheit und Kontrolle.

lung von Fieber und Migräne eingesetzt. Der blaue Himmel, die Unendlichkeit und das Ungewisse sind weitere Anmutungen der „göttlichen" Farbe Blau.

Blau ist die Lieblingsfarbe der Deutschen, seine Kühle wird mit Organisation, Kontrolle und Seriosität assoziiert. Themen wie Wasser, Sport, aber auch Finanzen und Sicherheit sind mit Blau gut umgesetzt. Zusammen mit Grün wirkt es eher distanziert und kühl, in der Kombination mit Gelb wirkt Blau dagegen auffällig, aber auch schnell billig.

Orange hat Signalcharakter.

Kreativität, Wachstum, Lebenskraft und Erneuerung – die Eigenschaften der Farbe Grün passen ebenfalls gut zum Thema Kind.

Die Farbe Grün

Die Farbe Grün steht für Natur, Fruchtbarkeit und Wachstum. Auch Begriffe wie Hoffnung, Lebenskraft und Erneuerung werden mit Grün verbunden. Grün gilt außerdem als Farbe der Kreativität. Ein gelbstichiges Grün steht für Frühling und Wachstum. Seine Stimmung ist sehr beruhigend.

Negative Eigenschaften, die der Farbe Grün zugeschrieben werden, sind Feigheit und Geiz.

Die Farbe Orange

Orange steht zwischen Rot und Gelb auf der Farbskala. Es wirkt strahlend und voller Energie. Seine Leuchtkraft vermittelt Optimismus, Freude, Wärme und Fröhlichkeit.

In der Kombination mit Blau strahlt Orange genauso wie Gelb besonders intensiv, wirkt aber auch schnell billig. Diese Kombination sollten Sie deshalb vermeiden. Orange wird verwendet, wenn es um Themen wie Geselligkeit, Fröhlichkeit und Ausgeglichenheit geht. Auf der negativen Seite kann Orange billig, laut und ordinär wirken.

Die Farbe Schwarz

Schwarz ist die Farbe der Trauer und des Todes. Als Hintergrund, z. B. als Passepartout, eingesetzt, bringt aber keine andere Farbe die eingerahmten Bilder und Fotos so zum Leuchten wie Schwarz. Weiß hat eine ähnliche Wirkung. Schwarze Schrift ist auf einem hellen Hintergrund am besten lesbar, nicht umsonst sind alle Bücher und die meisten anderen Druckerzeugnisse in dieser Kombination gedruckt.

Die Farbe Weiß

Weiß leuchtet, es ist die Farbe der Reinheit und des Lichts. Ein weißer Hintergrund zieht die Blicke auf sich. Weiß steht auch für Schlichtheit und Bescheidenheit. Als Passepartout setzt es seinen Inhalt fast ebenso gut in Szene wie Schwarz.

Gestaltung im Fokus –
Layout-Element 4: Bilder und Grafiken

Kennen Sie die Redewendung „*Ein Bild sagt mehr als 1000 Worte*"? Auch wenn sie häufig zutrifft, gilt sie nur dann, wenn die Bildqualität auch stimmt. Wie Sie gute Motive für Ihre eigenen Digitalfotos finden und wie Bilder nachträglich bearbeitet werden, haben Sie bereits im Kapitel „Ausstellungen" erfahren. Nun geht es darum, ob, wann und wo Sie bei der Gestaltung Ihrer Druckwerke Bilder einsetzen (sollten).

Eines steht außer Frage: Bilder vermitteln Informationen schneller als jeder Text. In Sekundenbruchteilen landet das Bild in unserem Gehirn und wird dort dechiffriert, eingeordnet und bewertet. Bilder sind in unserer technisierten Welt allgegenwärtig: In den elektronischen Medien, in Zeitungen und Zeitschriften, in unserem Alltag in Form von Prospekten, Plakaten, Anzeigen, …

Auch für die Kita können und sollten Bilder sprechen – und möglichst nicht nur die allbekannten ClipArts aus dem Koffer der Firma Microsoft. Besonders geeignet für den Einsatz von Fotos, Grafiken und Illustrationen sind solche Medien, die auf den ersten Blick überzeugen bzw. ansprechen sollen, z. B. Plakate und Aushänge. Aber auch in Konzeption und Selbstdarstellungsbroschüre sind Bilder unverzichtbar.

Weniger ist mehr

Denken Sie beim Einsatz von eigenen Fotos daran, dass auch hier weniger meist mehr ist. Ein Ausschnitt oder eine Großaufnahme hat in der Regel eine größere Aussagekraft als eine Totale, auf der möglichst viel zu sehen sein soll. Je mehr sich das Bild auf seine wesentliche Aussage konzentriert (ein Kind, ein Spielzeug, eine Einzelheit des Gebäudes), desto aussagekräftiger ist es auch. Achten Sie darum bei der Bildauswahl immer auf die tatsächliche Aussagekraft eines Bildes, statt Fotos und andere Bildelemente nur als schmückendes Beiwerk zu sehen.

Bilder sind übrigens mehr als Fotos, auch wenn die beiden Begriffe zeitweise fast synonym gebraucht werden. Zum großen Fundus, aus dem Sie in Sachen Abbildungen schöpfen können, zählen:

Idee: Bilder als Hintergrund

Toll wirken großflächige Bilder auch als Hintergrund. Einfach lässt sich das in PowerPoint-Präsentationen anwenden. Aber auch bei Plakaten oder gedruckten Faltblättern sind große Hintergrundbilder ein echter „Hingucker". Weniger geeignet sind sie aus technischen Gründen beim Aushang fürs Schwarze Brett.

So geht es:
Die Fotos im Bildbearbeitungsprogramm (z. B. Windows Fotogalerie) auf die entsprechende Größe bringen. Hier wird auch die Helligkeit verstärkt, damit die Bilder wie ein Wasserzeichen im Hintergrund stehen. Dann über die Funktion „Grafik einfügen" das Bild in ein Word Dokument einfügen. Damit Text und andere Elemente hinzugefügt werden können, muss das Bild noch über die Funktion „Anordnen" in den Hintergrund gesetzt werden. Dazu das Bild mit der rechten Maustaste anklicken und unter „Anordnen" die Option „In den Hintergrund" wählen.

✔ Fotos,
✔ Piktogramme,
✔ Gemälde („Kunst"),
✔ Symbole,
✔ Illustrationen (z. B. ClipArts),
✔ Grafiken (z. B. Schmucklinien, Tabellen, Diagramme).

Ein Bild für uns – das Logo
Eine äußerst wichtige Form des Bildes ist das Logo. Als bildliches Zeichen soll es die Identität Ihrer Einrichtung transportieren und sie unverwechselbar machen. Das Logo ist deshalb auch in Sachen Wiedererkennbarkeit unabdingbar und sollte auf allen Druckwerken der Einrichtung erscheinen (z. B. Briefpapier, Visiten-

karte, Aushänge, Elternbriefe, Faltblätter, Plakate, Eingangsschild, Internet).

Ein Logo muss selbstverständlich nicht immer nur ein Bild sein (Fachleute sprechen von der „Bildmarke") – es kann ebenso gut ein Schriftzug bzw. eine „Wortmarke" (z. B. Coca Cola®) sein oder aus einer Kombination aus Schrift und Bild bestehen.

Übrigens: Wenn Sie ein Logo für Ihre Einrichtung entwerfen (lassen), legen Sie Wert darauf, dass das Logo leicht zu reproduzieren und auch in unterschiedlichen Größen wiedererkennbar sein sollte. Filigrane Kinderzeichnungen etwa sind meist nicht sehr geeignet, um als Logo verwendet zu werden, weil sie in der Verkleinerung z. B. auf einem Briefbogen, nicht mehr gut zur Geltung kommen. Auch eine Gestaltung, die auf den Einsatz einer Farbe angewiesen ist, ist für den Kita-Bereich nicht geeignet, denn aus Kostengründen werden immer wieder Publikationen mit dem Drucker angefertigt. Entscheiden Sie sich trotzdem für ein farbiges Logo, achten Sie unbedingt darauf, dass es auch in der Schwarz-Weiß-Version funktioniert.

Im ungünstigsten Fall führt ein unpassendes Logo dazu, dass es schlicht nicht benutzt wird (*„Passt nicht auf die Visitenkarte"*, *„Sieht dilettantisch auf dem Eingangsschild aus"*, *„Wirkt nicht in Schwarz-Weiß"*). Generell ist eine einfache und schlichte Gestaltung leichter anzuwenden als sehr differenzierte Bilder. Das sehen Sie auch an den Logos großer und internationaler Firmen. Die meisten sind nach dem Motto „weniger ist mehr" eher reduziert gestaltet. Und das tut ihrer Wirkung keinen Abbruch, eher im Gegenteil.

Das Logo ist schwarz-weiß und kann auf allen farbigen Untergründen eingesetzt werden.

Das Logo besteht aus dem Bild und einem Schriftzug. Das Bild kann auch allein stehen, funktioniert allerdings in Farbe besser als in Schwarz-Weiß.

Ein Logo entwickeln

Mit der Entscheidung für ein Zeichen sollten Sie sich Zeit lassen, schließlich soll so ein Logo auch eine Weile Bestand haben. Sammeln Sie Publikationen befreundeter Einrichtungen, und schauen Sie, wie andere sich darstellen. Werten Sie Ihre Sammlung im Team aus, und halten Sie fest, was Ihnen gemeinsam gefällt und was eher nicht.

Bei der Suche nach einem Logo werden Sie sich im Team die Frage stellen: *„Was ist uns in unserer Arbeit besonders wichtig?"*, *„Was ist die Grundlage unseres Tuns?"* – und die Antworten dann in eine Bildsprache übersetzen.

Überlegen Sie gemeinsam, welche Symbole, Bilder und Farben das Wesentliche Ihrer Arbeit ausdrücken. Dabei helfen auch Überlegungen zur Bedeutung der Farben, wie sie auf den vorhergehenden Seiten ausgeführt wurden. Stellen Sie Fragen wie:

✔ Welche Farbe passt zu uns?
✔ Welche Symbole drücken unsere Ausrichtung am besten aus?
✔ Welche Eigenschaften verbinden wir mit einem bestimmten Symbol und/oder einer Farbe?
✔ Welche Schriftart gefällt uns gut?

Wenn Sie ein Bild und den Namen Ihrer Einrichtung zum Logo kombinieren, erhöhen Sie die Eindeutigkeit. Anders als ein Großkonzern haben Sie ja nicht die Möglichkeit, Ihr Logo mit breit angelegten Werbemaßnahmen bekannt zu machen. Deshalb ist es durchaus sinnvoll, einem Bild auch immer den Namen Ihrer Einrichtung hinzuzufügen. Einige Einrichtungen geben sich auch ein Motto, das zusammen mit einem Symbol als Logo dienen kann (z. B. *„Wir arbeiten mit Kopf, Herz und Hand")*.

Auf einen Blick: Das muss ein Logo leisten

✔ wiedererkennbar sein
✔ einfach sein
✔ zur Einrichtung passen
✔ in verschiedenen Größen einsetzbar sein
✔ in Farbe und Schwarz-Weiß funktionieren

Gestaltung im Fokus –
Layout-Element 5: Schrift

Schrift wirkt. Jede Schrift (auch „Font" genannt) hat ihren eigenen Charakter. Einige wirken elegant und edel, andere laut und etwas derb. Meist fällt uns die Schrift aber nur dort auf, wo sie nicht passt und aus dem Rahmen fällt.

Für den Einsatz in Publikationen der Kita und Krippe greifen wir auf die Schriften zu, die im umfangreichen Materialkoffer unseres Textverarbeitungsprogramms mitgeliefert werden. Wer mehr und andere Schriften als die hier vorhandenen sucht, wird auch im Internet fündig (siehe Link-Tipp).

Allerdings sind auch Schriften, genauso wie Bilder, nicht grundsätzlich frei verfügbar. Manche Fonts kosten Geld, andere stehen vielleicht frei zum Download zur Verfügung, haben aber Schwächen, weil nicht alle Zeichen und Umlaute verfügbar sind. Um eine Schrift neu zu entwickeln, sind ein großes typografisches Können und viel Erfahrung gefragt. Deshalb steht das Ergebnis natürlich nicht zum Nulltarif im Netz.

längere Fließtexte eingesetzt. Die meisten Bücher ebenso wie Zeitungen sind in Serifen-Schriften gesetzt. Für eine Konzeption, die meist mehrere Seiten umfasst, oder für die Kita-Zeitung eignet sich eine solche Schriftart.

Die zweite große Schriftengruppe besteht aus den so genannten **Grotesk-Schriften**. Dazu zählen etwa die Schriftarten Arial, Futura, Gothic oder Helvetica. Grotesk-Schriften sind serifenlos und wirken leichter und moderner als Serifenschriften. Deshalb werden sie gern für (Werbe-)Broschüren oder Plakate verwendet. Über 90 Prozent aller Druckwerke sind heute entweder in Antiqua- oder Grotesk-Schriften gesetzt.

Eine deutlich kleinere, dritte Kategorie bilden **Schreibschriften oder Handschriften**. Auch sie kommen im Kita-Bereich durchaus zum Einsatz, sollten sich allerdings auf Überschriften und Anrede beschränken. Freestyle Script, Lucida Handwriting und Monotype Corsiva sind Beispiele aus dem Fundus von Microsoft Word, ebenso wie die Handschrift Mistral.

Drei Schrifttypen

Antiqua-Schriften, wie Times New Roman, Bodoni oder Garamond, zeichnen sich durch kleine „Fähnchen" aus (Serifen), die an den Enden vieler Buchstaben erkennbar sind. Diese Schriften werden deshalb auch als Serifen-Schriften bezeichnet. Sie eignen sich gut für das lineare Lesen und werden daher gern für

Link-Tipp

Viele freie Schriften finden Sie z. B. unter **www.myfont.de**. Einige sind akzeptabel, andere weniger.

Die richtige Schrift wählen

Welche Schrift im Einzelfall gewählt wird, hängt immer von ihrem Einsatz ab. Soll sie informieren? Aufmerksamkeit erwecken? Sollen viele Informationen auf eher geringem Platz untergebracht werden? Wer ist der Absender der Informationen? Soll die Schrift neugierig machen? Oder ganz im Hintergrund bleiben? Setzen wir sie als Überschrift ein oder im Fließtext?

Gut zu wissen

Grundsätzlich sollten in einem Druckwerk maximal drei verschiedene Schrifttypen auftreten, besser noch zwei. Neben den unterschiedlichen Schrifttypen bieten einige andere Unterscheidungsmerkmale reichlich Raum zu variieren. Denken Sie daran: Weniger ist auch bei der Wahl der Schrift mehr!

Hauptsache lesbar

Schriften sollen vor allem eines sein: lesbar. Erfüllt eine Schrift diese wichtigste Anforderung nicht, ist sie ungeeignet. Allerdings sind manche eher schwer lesbaren Schriften als Überschriften geeignet, obwohl sie für den längeren Fließtext nicht in Frage kommen.

Es kann durchaus sein, dass innerhalb einer Publikation zwei oder mehr Schriftarten gewählt werden. Während die Überschrift vielleicht in einer verspielten Schrift wie Curlz MT oder Freestyle Script gut zur Geltung kommt, eignet sich für den Informationstext eine sachliche und lesbare Schrift besser. Allerdings sollte auch die Schrift nicht ständig wechseln, weder innerhalb eines Druckwerks, noch bezogen auf die Einrichtung. Zusammen mit Farben, Gestaltungsschema und gleichbleibenden Elementen wie dem Logo trägt sie zur Wiedererkennbarkeit bei. Eine Einrichtung, deren Briefe mal in Arial, mal in Times New Roman und dann vielleicht sogar ganz handgeschrieben daherkommen, wird auf ihre Adressaten kaum professionell und zuverlässig wirken.

Unabhängig vom Schrifttyp bestimmen noch diese Faktoren das Erscheinungsbild unserer Texte:
- ✔ Schriftgröße,
- ✔ Schriftschnitt (fett, kursiv, unterstrichen),
- ✔ Schriftsatz (Ausrichtung: linksbündig, zentriert, rechtsbündig, Blocksatz),
- ✔ Schriftlauf (von links nach rechts, von oben nach unten).

Schriftgröße

Sie erinnern sich? Schrift soll vor allem lesbar sein. Für unterschiedliche Anwendungen wählen wir also unterschiedliche Schriftgrößen:
- ✔ Für Fließtexte in Briefen, Broschüren oder Konzeption eignet sich eine Schriftgröße von 9 bis 12 Punkt am besten. Überschriften und Zwischenüberschriften können 14 bis 16 Punkt groß sein.
- ✔ Aushänge sollen gut lesbar sein, hier ist eine Schriftgröße von 14 bis 18 Punkt angebracht.
- ✔ Auf Plakaten darf die Schrift noch größer sein. Experimentieren Sie mit Schriften ab 36 Punkt für die Überschrift auf einem DIN-A3-Plakat, die Schriftgröße der Überschrift kann hier auch noch deutlich größer sein.

Schriftschnitt und Schriftsatz

Auch der Schriftschnitt und die Unterscheidung in Groß- und Kleinbuchstaben kann einzelne Textpassagen wirkungsvoll hervorheben oder abgrenzen.

Kursiv, **fett**, Kapitälchen, Farbe oder Unterstreichungen heben einzelne Wörter oder Textpassagen vom Text ab.

Auch Einrückungen können für Aufmerksamkeit sorgen und Textteile hervorheben. Sie alle wirken aber nur, wenn sie sparsam eingesetzt werden. Bedeutung für die Lesbarkeit hat neben diesen Hervorhebungen durch Schriftmerkmale auch die Ausrichtung oder der Schriftsatz.

Linksbündiger Flattersatz

Als Faustregel gilt, dass linksbündig gesetzte Texte unserer Erwartungshaltung und unserer Erfahrung beim Lesen am besten entsprechen. Linksbündig heißt, dass alle Zeilen an einer einheitlichen linken Kante beginnen. Flattersatz bedeutet, dass die Satzenden wie Fahnen im Wind flattern und nicht auf eine einheitliche Breite getrimmt werden.

Rechtsbündiger Flattersatz

Der Text richtet sich hier am rechten Rand aus. Das ist für die meisten Menschen ungewohnt. Solche Texte sind schwer lesbar, weil das Auge in jeder neuen Zeile erst den Anfang suchen muss. Um einzelne Passagen hervorzuheben, oder für Textelemente wie Bildunterschriften eignet sich der rechtsbündige Flattersatz aber gut.

Blocksatz

Den Blocksatz kennen Sie aus Broschüren. Vor allem, wenn Text in Spalten gesetzt wird, finden wir ihn oft. (Übrigens: Spalten sind oft besser lesbar. Als optimale Zeilenlänge gelten 50 bis 70 Zeichen, alles, was darübergeht, sollte besser zwei- oder mehrspaltig gesetzt werden.) Bei dieser Einstellung haben alle Zeilen die gleiche Breite. Nachteil: Weil Wörter in die Länge gezogen werden, entstehen leicht unschöne „Löcher".

Arial

Viele Schriften ähneln einander auf den ersten Blick. Erst wenn man genauer hinsieht, erkennt man die Unterschiede. Vielleicht bestehen sie nur in der Form eines einzelnen Buchstabens. Oder darin, dass manche Schriften mehr Platz benötigen als andere. Jede Schriftart hat ihren ganz unverwechselbaren Charakter und ihre eigene Ausstrahlung.

Verdana

Viele Schriften ähneln einander auf den ersten Blick. Erst wenn man genauer hinsieht, erkennt man die Unterschiede. Vielleicht bestehen sie nur in der Form eines einzelnen Buchstabens. Oder darin, dass manche Schriften mehr Platz benötigen als andere. Jede Schriftart hat ihren ganz unverwechselbaren Charakter und ihre eigene Ausstrahlung.

Comic Sans MS

Viele Schriften ähneln einander auf den ersten Blick. Erst wenn man genauer hinsieht, erkennt man die Unterschiede. Vielleicht bestehen sie nur in der Form eines einzelnen Buchstabens. Oder darin, dass manche Schriften mehr Platz benötigen als andere. Jede Schriftart hat ihren ganz unverwechselbaren Charakter und ihre eigene Ausstrahlung.

Garamond

Viele Schriften ähneln einander auf den ersten Blick. Erst wenn man genauer hinsieht, erkennt man die Unterschiede. Vielleicht bestehen sie nur in der Form eines einzelnen Buchstabens. Oder darin, dass manche Schriften mehr Platz benötigen als andere. Jede Schriftart hat ihren ganz unverwechselbaren Charakter und ihre eigene Ausstrahlung.

Times New Roman

Viele Schriften ähneln einander auf den ersten Blick. Erst wenn man genauer hinsieht, erkennt man die Unterschiede. Vielleicht bestehen sie nur in der Form eines einzelnen Buchstabens. Oder darin, dass manche Schriften mehr Platz benötigen als andere. Jede Schriftart hat ihren ganz unverwechselbaren Charakter und ihre eigene Ausstrahlung.

Curlz MT

Viele Schriften ähneln einander auf den ersten Blick. Erst wenn man genauer hinsieht, erkennt man die Unterschiede. Vielleicht bestehen sie nur in der Form eines einzelnen Buchstabens. Oder darin, dass manche Schriften mehr Platz benötigen als andere. Jede Schriftart hat ihren ganz unverwechselbaren Charakter und ihre eigene Ausstrahlung.

So unterschiedlich wirken Schriften

Viele Schriften unterscheiden sich nur wenig voneinander. Erst beim genauen Hinsehen erschließen sich die Unterschiede. Manche brauchen mehr Raum als andere, einige sind etwas schwerer lesbar, andere leichter.

Alle beispielhaft gewählten Schriften auf Seite 72 sind in der Schriftgröße 11 Punkt und mit einzeiligem Zeilenabstand gesetzt. Einige, wie Curlz MT, eignen sich nicht für den Fließtext, sondern sollten nur in Überschriften zum Einsatz kommen. Andere, wie Comic Sans, sind in unserer Vorstellung schon eng mit dem Thema „Kind" verbunden, weil sie häufig in diesem Zusammenhang verwendet werden.

Die Entscheidung für eine „Hausschrift" sollte in jedem Fall Bestand haben und nicht ständig verändert werden. Wie bei allen Elementen des Erscheinungsbildes gilt auch hier: Konsequent sein ist alles!

Alle beispielhaft gewählten Schriften auf Seite 72

Die Zielgruppe im Blick – Faltblatt oder Flyer gestalten

Wozu überhaupt Flyer?

Der Flyer zur Selbstdarstellung ist die Visitenkarte einer Einrichtung. Er richtet sich einerseits an die Eltern der Kita- und Krippenkinder. Andererseits soll er als Werbemedium in der Regel auch einen weiteren Kreis von Personen erreichen. Dazu gehören u. a.:

✔ Eltern zukünftiger Kinder,
✔ Träger,
✔ Entscheidungsträger aus Politik und Gesellschaft,
✔ Kooperationspartner, wie z. B. Schulen, Therapeuten und Vereine,
✔ andere Einrichtungen,
✔ Sponsoren und Geschäftspartner.

Auf Grund der breiten Wirkung eines Flyers auch über die Einrichtung hinaus, sollte das gesamte Team an der Erstellung beteiligt sein. Doch Faltblätter müssen nicht immer Selbstdarstellungen sein. Auch Projektinformationen, Elternbriefe und weitere Inhalte können in dieser Form produziert werden. Im Folgenden soll der Ansatz eines Faltblatts zur Selbstdarstellung besprochen werden, weil er die am weitesten verbreitete Anwendung darstellt.

Wichtig für Flyer im Leporello-Format

Obwohl andere Formate sehr reizvoll sein können, entscheiden sich viele Einrichtungen beim Format ihres Flyers für das dreiseitige Faltblatt (auch Leporello genannt). Der Vorteil: Faltblätter sind schnell, einfach und kostengünstig zu produzieren, lassen sich gut auslegen und auch ideal im DIN-lang-Umschlag verschicken. In der Regel bestehen sie aus einem DIN-A4-Blatt, das zweimal quer gefalzt wird, sodass insgesamt sechs Seiten zur Verfügung stehen. Unterschieden wird jetzt noch in zwei mögliche Falzarten: den Wickelfalz und den Zickzack-Falz.

Allerdings bietet das Leporello auf Grund seines Formats nur einen recht beschränkten Raum für Informationen. Für umfangreichere Mitteilungen eignet sich daher die mehrseitige Broschüre besser. Bei der Wahl des Formats bieten sie verschiedene Optionen vom DIN-A4-Format (so sind viele Konzeptionen gestaltet) über die quadratische Form bis zum Heft-Format in DIN A5 oder dem Briefumschlag-Format. Ne-

Viele Einrichtungen entscheiden sich für Faltblätter im Leporello-Format.

ben den rein optischen Vorlieben sollte bei der Entscheidung für ein Format auch bedacht werden, dass Broschüren oft per Post verschickt werden und dass für ungewöhnliche und große Formate mehr Porto anfällt als für kleinere.

Folgende **inhaltliche Elemente** sollte das Faltblatt zur **Selbstdarstellung** in jedem Fall enthalten:

- ✔ Titelseite, aus der eindeutig der Absender hervorgeht. (Logo und Name der Einrichtung!)
- ✔ Impressum mit Anschrift, Telefonnummern, E-Mail- und Internetadresse (URL), Ansprechpartner und Öffnungszeiten (in der Regel auf der Rückseite). Zum Impressum gehören auch die Rechtsformbezeichnung der Einrichtung und ein vollständiger Name eines/einer Vertretungsberechtigten.
- ✔ Betreuungsangebot: Alter der betreuten Kinder, Gruppenanzahl (evtl. auch Gruppengröße).

Alles, was darüber hinaus geht, was eine **Einrichtung einzigartig** und besonders macht, bestimmt das Team. Solche Elemente können z. B. sein:

- ✔ Zugehörigkeit zu einem bestimmten Träger (freie, kirchliche, städtische, Elterninitiative, andere),
- ✔ Ausrichtung, wie Natur-, Wald-, Bewegungs-, Forscher-, Sprach- oder Förderkindergarten, offenes Konzept,
- ✔ Tagesablauf,
- ✔ Geschichte,
- ✔ pädagogischer Ansatz,
- ✔ besondere Angebote aller Art,
- ✔ besondere Qualifikationen innerhalb des Teams,
- ✔ Grußwort oder Motto,
- ✔ Kosten der Betreuung bzw. der Zusatzangebote.

Hilfreich beim Zusammenstellen der Inhalte für den Selbstdarstellungsflyer ist der konsequente Blick auf Ziel und Zielgruppe. Nach dem Motto „Der Köder muss dem Fisch schmecken, nicht dem Angler" steht immer die Frage im Vordergrund, ob eine spezielle Information für die angesprochene Gruppe wirklich notwendig ist bzw. ob der Umfang der Publikation sie zulässt.

Ein Flyer zur Selbstdarstellung ist weder eine Konzeption noch eine umfangreiche Broschüre über die Einrichtung. Er stellt in knapper und prägnanter Form das Profil einer Einrichtung dar und nutzt dafür sowohl Texte als auch Bilder und weitere Gestaltungselemente.

So geht es Schritt für Schritt

Inhalt im Team erarbeiten

Den Inhalt legen Sie im Team fest. Nehmen Sie sich die Zeit, um zu besprechen, was Ihnen wirklich wichtig erscheint. So können Sie vorgehen:

1. Verteilen Sie Moderationskarten, und fordern Sie alle Kolleginnen auf, je drei Stärken Ihrer Einrichtung zu formulieren. Pro Stärke wird eine Karte beschriftet. Stellen Sie die Fragen so: Was macht uns besonders? Was können wir gut? Wofür werden wir immer wieder gelobt? Berücksichtigen Sie bitte auch die Interessen Ihrer Zielgruppe (Eltern). Die Tatsache, dass in Ihrer Einrichtung ein gutes Arbeitsklima herrscht, ist vielleicht für Eltern weniger wichtig als die qualifizierten Angebote in Psychomotorik und Sprachförderung.

2. Die Karten werden nun eingesammelt und gut sichtbar angepinnt oder auf dem Fußboden verteilt. Gleiche Stärken legen Sie untereinander.

3. Nun wird ausgewertet: Bitten Sie alle Anwesenden darum, die Stärken zu wählen, die ihnen persön-

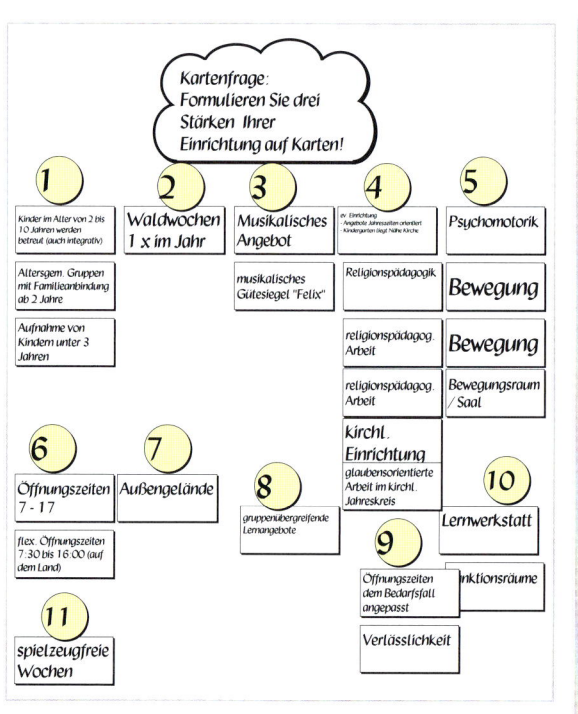

Moderationsmethode zur Formulierung Ihres Profils.

lich am wichtigsten sind. Dieses Bewerten funktioniert gut mit Klebepunkten. Verteilen Sie Punkte (jeder erhält etwa halb so viele Punkte, wie Stärken gesammelt wurden). Mit diesen Klebepunkten wird abgestimmt. Wer mag, klebt alle Punkte zu einer Stärke oder verteilt sie auf mehrere Stärken.

4. Jetzt haben Sie eine Rangfolge erarbeitet. Überlegen Sie nun gemeinsam, ob sich Ihre „Top five" wirklich für die Broschüre eignen. Denken Sie noch einmal an die Zielgruppe Eltern und Personen, die Ihre Einrichtung nicht kennen, und überprüfen Sie, ob die gewählten Inhalte auch für diesen Kreis relevant sind. Vielleicht müssen Sie noch Wissenswertes zum Tagesablauf oder der pädagogischen Ausrichtung einfügen, das Ihnen als „Stärke" gar nicht so bewusst war.

5. Wenn Sie damit fertig sind, formulieren Sie gemeinsam aus den Stärken Überschriften und einige Sätze. Dazu können Sie gut in kleinen Gruppen mit zwei oder drei Personen arbeiten. Jede Kleingruppe nimmt sich ein Thema vor und füllt es mit Leben. Seien Sie kreativ – fantasievolle und „farbige" Formulierungen als Überschrift sprechen eher an als sachliche Aussagen.

   Aus der Stärke *„Bewegung"* wird dann vielleicht die Überschrift *„Toben, Tollen, Klettern"*. Aus *„Musikalisches Angebot"* könnte *„Mit Pauken und Trompeten"* werden.

6. In einigen kurzen Sätzen beschreiben Sie, um was es genau geht. Denken Sie daran, sich kurz zu fassen, ohne das Wesentliche zu vernachlässigen. Überlegen Sie auch jetzt schon, welche Bilder zu den Aussagen passen – vielleicht stehen schon einige zur Verfügung, andere müssen noch geschossen werden.

7. Die Ergebnisse tragen Sie im Plenum zusammen und stimmen kurz ab, ob alle damit einverstanden sind. Nun steht es, das erste tragfähige Gerüst für den Flyer!

Den ersten Textentwurf wird gewiss eine kleine Gruppe von Kolleginnen später noch einmal überarbeiten, damit alles „wie aus einem Guss" erscheint. Doch einen großen Schritt haben Sie damit bereits getan. Im zweiten Schritt folgt die Gestaltung.

Tipps für Format und Layout

Nach dem Format richtet sich auch die Gestaltung des Layouts. Beim Leporello gibt die Aufteilung in jeweils drei Spalten den grundsätzlichen Ansatz bereits vor. Während Vorder- und Rückseite inhaltlich bereits vergeben sind (s. o.), bleiben die übrigen vier „Seiten" frei für andere Inhalte. Um den Flyer später gut zum geschlossenen Format DIN-lang falten zu können, dürfen nicht alle drei Teile exakt gleich breit sein. Bei einer Seitenbreite von 297 mm teilt sich das Format in die Segmente 100 + 100 + 97 mm.

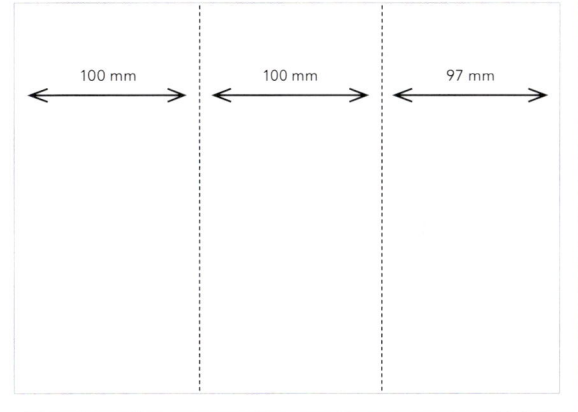

Seitenaufteilung für einen Flyer.

Dokument im PC anlegen

Nun können Texte und Fotos verteilt werden. Beginnen Sie am besten mit einem Scribble, um den verfügbaren Raum zu überblicken und grob zu strukturieren. Wenn Sie kein Grafikprogramm besitzen (wie die meisten Kitas) und auch keine Grafiker in der Elternschaft um Mithilfe bitten können, legen Sie Ihren Flyer als Dokument im Programm Word an.

Legen Sie von Anfang an zwei getrennte einseitige Dokumente mit dem Titel „Flyer außen" und „Flyer innen" an. So vermeiden Sie, dass die Inhalte verrutschen, wenn Sie später noch Daten hinzufügen.

Für eine gedruckte Version müssen Sie außerdem die Seitengröße manuell etwas vergrößern, denn Druckereien verlangen eine so genannte „Beschnittzugabe". Das bedeutet, dass an jeder Seite 1 bis 2 mm zugegeben werden, die später beim Beschneiden der großen Papierbögen wieder wegfallen. So kann u. a. bis direkt an den Seitenrand gedruckt werden. Bevor Sie beginnen, richten Sie also das Dokument für eine Seitengröße von 29,9 cm (Breite) mal 21,2 cm (Höhe) ein. Das entspricht einer Zugabe von je einem Millimeter an allen vier Seitenrändern. Das normale DIN-A4-Format beträgt 29,7 mal 21 cm.

Weitere wichtige formale Gestaltungstipps

✔ Lassen Sie ausreichend breite Ränder. Eine Faustregel besagt, dass das Verhältnis von bedruckter zu unbedruckter Fläche etwa 1:2 betragen soll.

✔ Bilder ergänzen und lockern auf. Außerdem verankern sie Botschaften besser im Gehirn. Wenn sie den Satzspiegel auch mal durchbrechen, erzeugen sie Spannung.

✔ Überschriften und Absätze erleichtern das Lesen und strukturieren den Text.

✔ Verwenden Sie eine gut lesbare Schrift, und wählen Sie möglichst nicht mehr als drei verschiedene Schriftgrößen – alles andere wirkt unruhig.

✔ Schreiben Sie grundsätzlich in Groß- und Kleinbuchstaben, das ist besser lesbar ALS NUR IN GROSSBUCHSTABEN GESETZTE TEXTE.

✔ Linksbündig gesetzte Texte sind gut lesbar und wirken lebendiger als der statische Blocksatz. Wenn Sie Blocksatz verwenden möchten, achten Sie auf ungewollte Löcher, und fügen Sie, wenn nötig, auch mal eine Trennung von Hand ein.

✔ Setzen Sie Bilder und Texte trotz der Beschnittzugabe nicht zu dicht an den Rand, wenn Sie sichergehen wollen, dass nichts abgeschnitten wird. Halten Sie einen Abstand von 3 mm zum Rand ein, dann sind Sie auf der sicheren Seite. Auch bei Faltblättern, die später auf dem Drucker ausgegeben werden, können Sie nicht bis zum Rand gestalten, da Drucker immer einen schmalen Rand frei lassen.

✔ Hintergrundbilder werden dagegen über die gesamte Fläche gelegt.

Produktion

Um den Flyer zu produzieren, stehen verschiedene Möglichkeiten zur Verfügung. Je nach Auflagenhöhe und Etat kann der Flyer als Schwarz-Weiß- oder Farbkopie gestaltet werden, aber auch im Digitaldruck (bei Kleinstauflagen bis etwa 150 Stück) oder Offsetdruck produziert werden. In den letzten Jahren sind die Kosten für Druckerzeugnisse gesunken, und zahlreiche Internetdruckereien bieten zum Teil gute Ergebnisse. In der Druckerei wird der Flyer auch gefalzt, bei der Eigenproduktion mit Drucker oder im Copy-Shop müssen Sie das selbst erledigen.

Link-Tipp für Internet-Druckereien

www.flyeralarm.de, www.vistaprint.de, www.printopronto.de, www.logiprint.de, www.printforfun.com

Neben finanziellen Gesichtspunkten sollte die Signalwirkung der Broschüre nicht vergessen werden. Gedruckte Broschüren sind sicher immer etwas teurer, wirken aber auch ungleich professioneller. Bei der Entscheidung für Kopien können gute Farbkopien es allerdings auch oft mit gedruckten Erzeugnissen aufnehmen.

Internet-Druckereien bieten bereits Auflagen ab 100 Stück an (die Kosten hierfür liegen bei ca. 60 Euro). Sinnvoll ist der Offset-Druck vor allem bei größeren Auflagen ab 500 oder 1.000 Stück. Zum Vergleich: 1.000 Exemplare eines Leporellos im Vierfarbdruck kosten bei derselben Internet-Druckerei ca. 80 Euro. Druckereien vor Ort sind etwas teurer, bieten aber dafür eine Beratung – gerade für Nicht-Profis ein

Musterflyer außen und innen.

wichtiger Faktor! Erkundigen Sie sich am besten telefonisch bei der Druckerei, welche Art der Druckvorlage benötigt wird und ob auch ein Word-Dokument als Vorlage ausreicht. Viele Druckereien können auch diese Vorlagen verwenden.

PDF für den Druck erstellen

Wenn gedruckt werden soll, muss die Vorlage stimmen, die Sie der Druckerei übermitteln. Eine Druckerei benötigt als Druckvorlage eine Grafikdatei oder ein PDF. Grafikdateien werden mit Layout-Programmen wie Indesign oder Corel Draw hergestellt.

Gut zu wissen

Die Abkürzung PDF steht für „Portable Document Format" oder auf Deutsch „(trans)portables Dokumentenformat". Das PDF ist ein weitverbreitetes Dateiformat, das von allen Computersystemen gelesen werden kann.

Falls Ihre Druckerei keine Word-Dokumente als Vorlage akzeptiert, können Sie auch aus einem Word-Dokument ein PDF erstellen. Dazu wird allerdings ein zusätzliches Programm benötigt, das Sie kostenlos aus dem Internet herunterladen können (natürlich gibt es auch kostenpflichtige Programme, z. B. von der Firma Adobe). Die Installation ist ganz unkompliziert. Folgen Sie einfach den Anweisungen des Programms.

Für eine gedruckte Version müssen Sie außerdem die Seitengröße manuell etwas vergrößern, denn Druckereien verlangen eine „Beschnittzugabe" (vgl. Seite 75). Wie viel Beschnittzugabe im Einzelfall benötigt wird, erfahren Sie bei der Druckerei. So kann u. a. bis direkt an den Seitenrand gedruckt werden. Bevor Sie beginnen, richten Sie also das Dokument für eine Seitengröße von 29,9 cm (Breite) mal 21,2 cm (Höhe) ein. Das entspricht einer Zugabe von je einem Millimeter an allen vier Seitenrändern. Das normale DIN-A4-Format beträgt 29,7 mal 21 cm.

Das PDF-Programm funktioniert im Wesentlichen wie ein Drucker. Um ein Word Dokument zum PDF zu machen, wählen Sie nach der Installation im Menü „Datei" den Befehl „Drucken", und wählen Sie als Drucker das PDF-Programm. Statt ein Papier aus dem echten Drucker zu produzieren, erstellt das Programm Ihnen nun ein PDF.

Link-Tipp

Ein weitverbreitetes, freies PDF-Programm ist der pdf-creator, den Sie sich im Internet kostenfrei herunterladen können unter http://www.freeware.de/download/pdfcreator_11310.html

Aber Achtung: Word ist ein Textverarbeitungs- und kein Layoutprogramm. Deshalb sind die Möglichkeiten sehr beschränkt, in diesem Programm druckfähige Vorlagen zu erstellen. Unter anderem benötigen Druckereien ihre Vorlagen in einem bestimmten Farbformat, nämlich CMYK. Word arbeitet aber mit dem RGB-Farbformat. Beim Druck eines Dokuments, das im RGB-Farbmodus erstellt wurde, können leicht unerwünschte Farbverschiebungen auftreten. Besonders problematisch ist das bei Fotos, die in Word-Dokumente eingesetzt werden. Akzeptable Ergebnisse werden vor allem mit Dokumenten ohne Bilder erzielt, Sie müssen aber mit Abweichungen rechnen.

Fazit: Ob gedruckt wird oder kopiert, ist im Wesentlichen eine Frage des Geldes und der Auflage. Wenn eine Einrichtung klein ist und pro Jahr nur wenige Flyer benötigt, kann die Produktion mit dem eigenen Farbdrucker oder per Farbkopie im Copy-Shop eindeutig Sinn machen.

Auch Flyer, die zur Projekt-Präsentation eingesetzt werden, sind in der kopierten Variante eindeutig gut umgesetzt. Selbst einfache Kopien oder Schwarz-Weiß-Ausdrucke auf farbigem Papier erfüllen diesen Zweck recht gut. Wer mag, kann dem Produkt mit abgeknickter Ecke oder anderen kleinen Kunstgriffen ein wenig „Pep" verleihen.

Hintergrundwissen zu den Farbformaten

Die Abkürzung CMYK steht für Cyan, Yellow, Magenta, Key (Schwarz). Aus diesen vier Farben werden im Offset- und Digitaldruck farbige Bilder gedruckt. Die Abkürzung RGB steht für Rot, Gelb, Blau – das sind die Grundfarben des Lichts. Das RGB-Farbspektrum wird z. B. für die Bildschirmansicht verwendet, in der Regel aber nicht für den professionellen Druck.

Achtung: Farb(ent)täuschungen

Zwischen der Farbdarstellung auf dem Bildschirm und den Farben, die gedruckt werden, besteht oft ein Unterschied. Abhilfe schafft hier nur das Kalibrieren des Bildschirms. Das heißt, dass Ihr Bildschirm so eingestellt wird, dass die Farben möglichst exakt dargestellt werden. Kalibrieren können Sie über die Systemsteuerung Ihres Computers.

Auch Farbausdrucke eignen sich übrigens nicht für den genauen Abgleich, denn auch Farbdrucker variieren stark. Wenn Sie selbst gestalten und Wert auf eine ganz bestimmte Farbe legen, muss diese definiert und eingestellt sein. Solche Feinarbeiten überlassen Sie aber besser Profis.

Liegt die Auflage über 150 Stück sind Internet-Druckereien eine gute Alternative (siehe Link-Tipp auf Seite 76). Sie akzeptieren in der Regel aber nur Grafikdateien oder PDF als Vorlage. Fragen Sie in der Elternschaft nach, ob jemand in der Lage ist, Ihnen eine solche Datei anzulegen. Ideal beraten sind Sie bei Druckereien vor Ort. Hier können Sie in vielen Fällen Ihre Entwürfe direkt drucken lassen und gehen sicher, dass alles wie gewünscht erscheint.

Plakativ, prägnant, professionell –
Plakate gestalten

Wozu überhaupt Plakate?

Plakate benötigen wir im Alltag von Kita oder Krippe zwar seltener als Aushänge, dafür haben sie aber eine beträchtliche Wirkung nach außen, wenn sie einmal eingesetzt werden. Als Ankündigung für besondere Ereignisse oder Angebote sind sie kaum zu schlagen. Mit Plakaten laden Sie z. B. zum Tag der offenen Tür ein, machen auf Ihre Kita-Ausstellung aufmerksam, informieren über offene Plätze in der Einrichtung oder vermitteln Ihre Anliegen.

Damit Ihr Plakat diese Aufgaben auch erfüllt, soll es vor allem eines sein: **plakativ**. Gelungene Plakate vermitteln schnell und prägnant ihre Botschaft und sprechen den Betrachter durch ihre angenehme, überraschende, auffällige oder ungewöhnliche Gestaltung an. Von einem Plakat spricht man ab einer Größe von

DIN A3, nach Meinung von Fachleuten sogar erst ab DIN A2 (alles andere gilt als Aushang).

Für den Entwurf ist die ganz besondere Betrachtungssituation eines Plakats von großer Bedeutung: Auch wenn unser Kita-Plakat nicht an einer viel befahrenen Straße hängt und dort in Sekundenbruchteilen von den vorbeirasenden Autofahrern wahrgenommen werden muss – auch hier gilt, dass Plakate in der Regel nur kurz wahrgenommen werden. Und nicht nur das – häufig werden Plakate auch nur aus einer gewissen Distanz betrachtet. Ihre Botschaft (und der Absender!) muss also auf einen Blick auch aus einer Entfernung von zwei bis fünf Metern erkennbar sein.

Zum Einsatz kommt das Plakat sowohl vor Ort in der Kita als auch außerhalb in Geschäften, öffentlichen Gebäuden, Arztpraxen etc.

Wichtig für die Plakatgestaltung

Für die Gestaltung ergeben sich aus der typischen Betrachtungssituation aus der Distanz und „auf die Schnelle" folgende Vorgaben:

- ✔ Weniger ist mehr! Je überladener das Plakat mit vielen Bild- und Textinformationen ist, desto weniger kann es seiner Aufgabe gerecht werden.
- ✔ Die Texte sind kurz und aussagekräftig. Statt vollständiger Sätze (*„Wir laden Sie ein zum Frühlingsfest in der Kita Sonnenschein"*) formulieren Sie knapp und präzise (*„Frühlingsfest in der Kita – wir laden ein"*, oder noch kürzer *„Frühlingsfest für Klein und Groß"*).
- ✔ Auffällig gestaltete Bild- und Textelemente (z. B. die Überschrift) sorgen für eine gute Fernwirkung.
- ✔ Texte, vor allem die Überschrift, werden groß und gut lesbar gesetzt.
- ✔ Klare Aussagen sorgen für die Einprägsamkeit und das schnelle Verstehen Ihrer Botschaft.
- ✔ Klare Farben und Kontraste haben eine besonders starke Wirkung und eignen sich deshalb gut für die Plakatgestaltung.
- ✔ Jedes Plakat braucht einen Blickfang, den „Eyecatcher", der den Blick überhaupt erst einmal auf das Plakat lenkt. Das kann sowohl ein Farbkontrast als auch ein großformatiges Bild oder eine aussagekräftige Überschrift sein.
- ✔ Denken Sie auch hier an die Gruppenregel: Zusammengehöriges gehört zusammen. Text verteilen Sie also nicht über das gesamte Bild, sondern setzen ihn lieber zu einem Block zusammen.

So geht es Schritt für Schritt

Plakate entwerfen

Beim Plakatentwurf steht an erster Stelle die Frage nach der **Kernbotschaft**. Überlegen Sie gemeinsam mit den Kolleginnen, worin diese im Einzelnen besteht. Manchmal liegt die Botschaft auf der Hand – beim Tag der offenen Tür, beim Vortrag des Buchautors oder bei der Ausstellungseröffnung ergibt sie sich fast von selbst. Bei anderen Anlässen müssen Sie vielleicht etwas länger nachdenken.

Ist der „Aufhänger" gefunden, beginnt die eigentliche Arbeit. Sie besteht darin, Ihre Botschaft „Kommt alle zum Tag der offenen Tür" in eine plakative **Schrift** und ein **Bild** zu übersetzen. Diese Kreativarbeit gelingt am besten im Team. Tragen Sie in einem Brainstorming Assoziationen zum Thema zusammen. Hilfreich ist es, die Ideen gleich am Flipchart mitzuschreiben, so geht nichts verloren, und häufig folgen auf Ideen wieder neue Assoziationen. Bewerten Sie in dieser Phase zunächst keinen der Vorschläge, sondern sammeln Sie unvoreingenommen. Das gelingt gut, wenn es auch formuliert wird: *„Wir sammeln jetzt erstmal alle Ideen für ein Bild (eine Überschrift) zum Tag der offenen Tür. Egal, was kommt, alles ist gut!"*

Gut zu wissen

Zuerst blicken die meisten Menschen in die linke obere Ecke. Das ist kulturell bedingt und kommt daher, dass in unserem Kulturkreis die meisten Texte oben links beginnen. Hier können Sie auch das Logo platzieren. Auch unten rechts ist ein guter Punkt für ein Logo, denn dorthin springt der Blick meist als zweites.

Tipp

Ob sich eine Schrift für Ihr Plakat eignet, können Sie leicht testen: Einen Mustertext in Originalgröße auf ein DIN-A4-Blatt ausdrucken und das Blatt in einer Entfernung von ca. einem Meter aufhängen. Mit zusammengekniffenen Augen auf den Ausdruck schauen. Ist der Text jetzt noch gut lesbar, ist er das auch aus größerer Entfernung.

Überlegen Sie auch, welche **zusätzlichen Informationen** Ihr Plakat neben einer Überschrift und einem aussagekräftigen Bild benötigt. Das können wichtige Programmpunkte sein, aber auch Adresse, Zeitangaben und vieles mehr. Auch das **Logo** der Einrichtung gehört selbstverständlich auf jedes Plakat. Beschränken Sie sich aber bitte auf das unbedingt Nötige. Je überladener Ihr Plakat ist, desto geringer ist die Wahrscheinlichkeit, dass seine Botschaft ankommt.

Um auszuprobieren, wie die Elemente Ihres Plakats sich auf der verfügbaren Fläche verteilen, fertigen Sie ein **Scribble** an. Wer mag, kann auch mit farbigen Papierstücken arbeiten, die einzelne Gestaltungselemente verkörpern. So lässt sich gut der spannungsvolle Aufbau ausprobieren. Hilfreich können bei diesen ersten Überlegungen auch Kompositionslinien sein, die dem Blatt eine erste Struktur geben. Hier zwei Möglichkeiten:

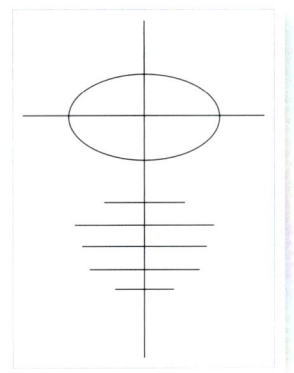 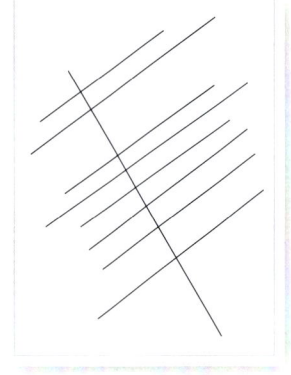

Plakatentwurf: symmetrisch   Plakatentwurf: gekippt

Dieses Plakat wurde im Programm Word selbst entworfen.

Produktion

Auf Grund ihrer Größe können Plakate nicht einfach am PC gestaltet und direkt in der Kita ausgedruckt werden. In der Regel ist ja kein DIN-A3-Drucker vorhanden. Auch der professionelle Druck in einer Druckerei kommt aus Kostengründen selten in Frage. Allerdings bieten Internetdruckereien (siehe Link-Tipp auf Seite 76) auch für Plakate bereits günstige Preise. Die Mindestauflage beträgt dennoch meist 100 Exemplare und damit weit mehr, als in der Regel benötigt werden. Für ein vierfarbiges Plakat im Format DIN A3 fallen dann Kosten von etwa 45 Euro an, 100 Exemplare in der Größe DIN A2 kosten etwa 70 Euro. Sie benötigen hier jedoch wie beim Flyer eine druckfähige Vorlage. Ein am PC gestaltetes Plakat im DIN-A3-Format muss nicht unbedingt im Offset-Verfahren ge-

druckt werden. Auch wer keinen entsprechenden DIN-A3-Drucker hat, kann seine Plakate in der benötigten Anzahl als Farbdrucke anfertigen. Dazu speichern Sie die Word-Datei einfach auf einem USB-Stick ab und gehen damit in einen gut ausgerüsteten Copy-Shop. Hier können Sie Ihre Datei direkt ausdrucken, als Kosten dafür fällt nur der Preis für eine DIN-A3-Kopie an (ca. 2,50 Euro). Außerdem muss häufig ein geringer Betrag für das Öffnen der Datei bezahlt werden. Vorteil: Sie legen Ihr Plakat einfach auf dem PC im Format DIN A4 an und drucken es dann im Format DIN A3 aus. Die Kosten sind relativ gering. Auch größere Formate können ausgedruckt werden, das erledigen aber längst nicht alle Copy-Shops. Erkundigen Sie sich am besten im Vorfeld telefonisch.

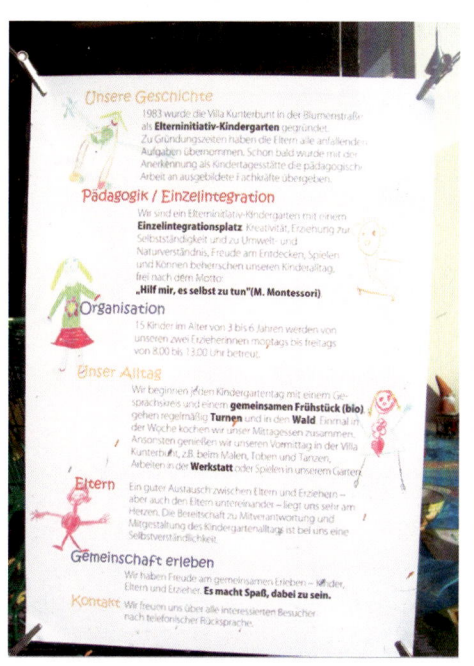

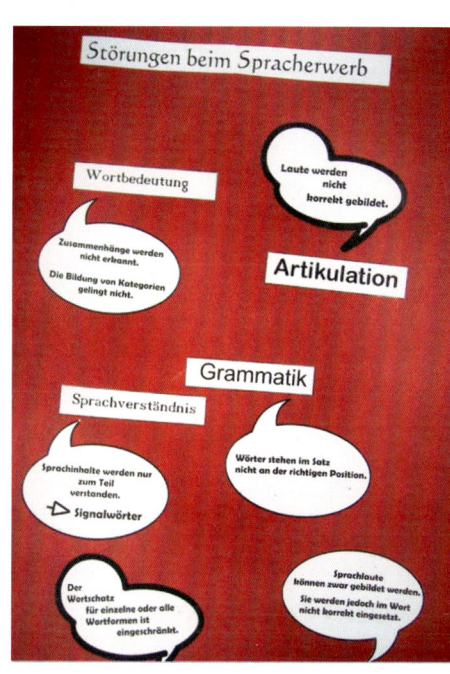

...ses Plakat im Format DIN A3 wurde auf ...m Farbdrucker ausgegeben.

Im Ladenfenster wie hier ist der Text gut lesbar, aus größerer Entfernung nicht.

Das selbstgebastelte Plakat wirkt durch den Kontrast mit der Farbe Rot.

Plakate selbstgemacht

Gerade Plakate können Sie natürlich auch wunderbar selbst anfertigen. Entweder gemeinsam mit den Kindern oder im Team entstehen so tolle Kunstwerke, die zwar nicht ganz so „professionell", aber dafür umso überzeugender und liebenswerter wirken.

Tipp: Besonders „plakativ" können Sie arbeiten, ohne einen Stift oder Pinsel in die Hand zu nehmen, wenn Sie große Motive aus farbigem Tonpapier ausschneiden und auf farbigen Untergrund aufkleben. So erreichen Sie auch eine optimale Fernwirkung, die bei gemalten Bildern sonst leicht fehlt.

✔ Kita-Projekte originell dokumentiert   ✔ Flyer, Einladungen und Aushänge   ✔ Präsentationen mit Aha-Effekt

Informationen auf einen Blick –
Aushänge gestalten

„Mal schnell einen Aushang machen", am PC oder von Hand – kennen Sie das auch? Bestimmt! Wenn die Zeit drängt, greifen wir gern auf Schema 08/15 zurück und machen es so wie immer. Eigentlich schade, denn gleichzeitig klagen viele Erzieherinnen darüber, dass ihre Aushänge kaum oder gar nicht gelesen werden und dass Elternbriefe wohl meist direkt von der Tasche in die Altpapiertonne wandern.

Ein paar Basics

Mit etwas Übung lassen sich aber am PC ganz leicht ansprechende Aushänge gestalten, die ihr Ziel, nämlich informieren und aufmerksam machen, gut erfüllen. Auf handgeschriebene Aushänge sollten Sie dagegen nach Möglichkeit verzichten. Selbst eine gute Handschrift ist lange nicht so lesbar wie eine Druckschrift aus dem Computer, außerdem wirken handgeschriebene Notizen selten professionell.

Die Betrachtungssituation beim Aushang ist ähnlich wie beim Plakat: Niemand mag lange im Kita-Flur stehen, um ellenlange Ausführungen zu studieren. Auch der mühevoll formulierte Projektbericht der Praktikantin ist hier fehl am Platz.

Diese Magnetwand ist übersichtlich gestaltet mit eindeutigen Zuordnungen.

Wer sich Gedanken über die Gestaltung von Aushängen macht, muss deshalb zuerst einmal das Schwarze Brett entrümpeln.

Was hier hängt, soll:
- ✔ **aktuell** sein. (Nach zwei Wochen ist keine Information mehr aktuell!)
- ✔ gut **lesbar** sein. (ausreichende Schriftgröße)
- ✔ **wichtig** sein.
- ✔ **prägnant** sein, z. B. durch Bilder und Symbole, Formsprache oder eine gute Überschrift.
- ✔ **kurz** sein – sonst wird es nicht gelesen.

Rubriken fürs Schwarze Brett

Hilfreich sind für den Betrachter auch feste Rubriken mit einer eindeutigen Überschrift. So muss die Mutter nicht lange suchen, die eigentlich nur wissen will, was in der nächsten Woche auf dem Speiseplan steht. Bewährte Rubriken sind:

- ✔ „Aktuell",
- ✔ „Mittagessen",
- ✔ „Kindermund",
- ✔ „Termine der Woche",
- ✔ „Von Eltern für Eltern".

Formatwahl

Der ideale Aushang ist also kurz, präzise, ansprechend gestaltet und so auffällig, dass er nicht übersehen wird. Eine einfache Möglichkeit, um diese Aufmerksamkeit zu erreichen, ist das Format. Wo alle Aushänge im DIN-A4-Hochformat gestaltet sind, hebt sich bereits ein Querformat wohltuend ab. Auch eine völlig andere Form (z. B. Kreis, Quadrat oder eine freie Form) fällt aus dem Rahmen und wird eher wahrgenommen.

Farbe

Auch Farbe ist ein Gestaltungselement, mit dem sich Aufmerksamkeit erzeugen lässt. Wählen Sie farbiges Papier (Achtung: nicht zu dunkel, sonst ist die Schrift nicht gut lesbar) oder farbige Elemente (z. B. ein Symbol). Wenn kein Farbdrucker zur Verfügung steht, können Abbildungen natürlich auch schnell per Hand nachkoloriert werden. Oder arbeiten Sie wie beim Plakat mit aufgeklebten Elementen – Kreis als Ball, geschwungene Linie als Wasser, Drachen für Herbst etc. Selbstverständlich sind auch Bilder und Fotos tolle farbige Hingucker, doch verschlingen Sie viel farbige Druckertinte und sollten schon deshalb eher die Ausnahme beim Gestalten von tagesaktuellen Aushängen sein.

Format und Farbe machen diesen Aushang zu einem Hingucker: Das Blatt wurde erst laminiert und dann in Blattform zurechtgeschnitten.

Schrift

Wichtig ist in jedem Fall die richtige Schriftart und Schriftgröße. Der Aushang soll ja in erster Linie gut lesbar sein, deshalb suchen Sie am besten eine schnörkellose Schrift aus (z. B. Comic Sans). Als Schriftgröße eignet sich für die Überschrift eine Größe von 16 bis 18 Punkt, der Text sollte mindestens 12, besser 14 Punkt groß sein. Stellen Sie als Ausrichtung „Zentriert"

WordArt

WordArts sind vorgegebene Schriftzüge im Programm Microsoft Word, die Ihnen das Formatieren der Überschrift von Hand abnehmen. Im Menü „Einfügen" finden Sie den Punkt „WordArt". Ein Klick darauf öffnet ein Fenster mit verschiedenen WordArt-Formen. Entscheiden Sie sich für eine davon, und geben Sie in dem Fenster, das jetzt erscheint, Ihren eigenen Text ein. Keine Angst vor Verschreibern, der Text kann auch später mühelos überarbeitet werden. Auch die WordArt-Form selbst kann noch angepasst werden. Am leichtesten geht das, indem Sie mit der rechten Maustaste einmal auf die entsprechende WordArt klicken. Im so genannten Kontextmenü, das sich nun öffnet, finden Sie verschiedene Optionen, Ihr Werk zu bearbeiten, unter anderem auch „Text bearbeiten …" und „WordArt formatieren …".

ein, wenn der Text mittig auf der Seite stehen soll. Auch „WordArt" können Sie hier durchaus einmal für die Überschrift einsetzen.

Text

Der Text Ihrer Aushänge soll so kurz wie möglich sein. Schreiben Sie statt vollständiger Sätze deshalb lieber eine Aufzählung. Verzichten Sie auf lange Erklärungen oder Ausführungen. Eine klare Sprache ohne viele Adjektive, Einschübe und Schachtelsätze ist hier gefragt. Allenfalls bei der Formulierung der Überschrift können Sie Kreativität beweisen. Überschriften, egal, ob auf dem Aushang, einem Plakat, dem Flyer, Ihrer Konzeption oder anderen Druckwerken, erfüllen die Funktion, den Leser/Betrachter neugierig zu machen. Das funktioniert einerseits über das vorhandene Interesse am Thema – die Mutter, die sich für den Speiseplan der nächsten Woche interessiert, braucht keine zusätzliche Motivation, um auf den Aushang zu schauen. Wenn es sich thematisch anbietet, können aber auch lebendig und spannend formulierte Überschriften einen Aushang „aufpeppen".

✔ *Kita-Projekte originell dokumentiert* ✔ *Flyer, Einladungen und Aushänge* ✔ *Präsentationen mit Aha-Effekt*

Gut formuliert

Statt:

Wir freuen uns darauf, mit Ihren Kindern am 27. August einen tollen ereignisreichen Tag im Zoo Hannover zu erleben. Dabei wollen wir gemeinsam die Zootiere in ihren Gehegen beobachten und in einer Rallye etwas über ihre unterschiedlichen Lebensbedingungen erfahren. Für unser leibliches Wohl nehmen wir einen kleinen Imbiss mit Obst, Säften und einem Vollkornbrot mit.

Besser:

Wir freuen uns auf

✔ einen tollen Zoo-Tag am 27. August,

✔ viel Spannendes über die Tiere,

✔ eine Rallye rund um Zoo & Co,

✔ einen Imbiss aus Obst, Säften und Vollkornbrot.

So geht es Schritt für Schritt

Dokument anlegen und Text schreiben

Legen Sie ein neues, leeres Dokument an. Über den Menüpunkt „Seitenlayout" wählen Sie unter „Seite einrichten" den Punkt „Orientierung" und entscheiden sich für das Querformat. Als Textausrichtung wählen Sie im Startmenü unter dem Menüpunkt „Absatz" die Ausrichtung „zentriert".

Schreiben Sie jetzt zunächst Ihren Text. Auch wenn Sie Ihre Überschrift als WordArt gestalten wollen, schreiben Sie diese trotzdem mit, das erleichtert Ihnen die Orientierung im Dokument.

Gestaltung

Erst wenn der gesamte Text geschrieben ist, beginnt die Gestaltung. Markieren Sie den Text, und stellen Sie als Schriftart „Comic Sans" ein. Als Schriftgröße wählen Sie 14 Punkt. Auch sinnvolle Absätze, z. B. zwischen Überschrift und Text oder im Text, werden jetzt mit der Enter-Taste eingefügt. Fügen Sie nun die Aufzählungszeichen im unteren Absatz ein. Dazu markieren Sie den Text und wählen im Start-Menü unter „Absatz" die Option „Aufzählungszeichen". Achtung: Die einzelnen Punkte müssen durch Absätze (Enter) voneinander getrennt sein, sonst werden keine Aufzählungszeichen eingefügt.

Im nächsten Schritt entscheiden Sie sich für eine WordArt-Variante als Überschrift. Setzen Sie den Cursor an den Beginn Ihrer Überschrift, und löschen Sie den Satz. Nun wählen Sie unter „Einfügen" – „WordArt" eine Variante und geben den Text der Überschrift erneut ein.

Jetzt fügen Sie noch ein Bild ein. Platzieren Sie den Cursor an die Stelle, an der das Bild stehen soll. Im Menü „Einfügen" finden Sie die Option „ClipArt". Geben Sie in das Suchen-Feld einen Begriff ein (z. B. „Giraffe"). Aus den Ergebnissen wählen Sie eines aus – einfach anklicken, und schon landet das Bild in Ihrem Dokument.

Keine Panik, wenn jetzt erst einmal alles durcheinandergerät. Viele ClipArts sind ziemlich groß und bringen den Text durcheinander. Vielleicht haben Sie auch vergessen, den Cursor an die richtige Stelle zu platzieren. Größe und Position des Bildes lassen sich aber leicht korrigieren: Die Größe ändern Sie, indem Sie mit gedrückter linker Maustaste die Ziehpunkte an den Ecken des markierten Bildes (zum Markieren einmal auf das Bild klicken) nach innen oder außen ziehen. Die Position können Sie so verändern: Markieren Sie das Bild, und wählen Sie im Menü „Bildtools", das sich nun öffnet, die Option „Textumbruch". Entscheiden sie sich für die Option „passend". Nun können Sie die Abbildung überall hinschieben, wo Sie möchten. Dazu einfach auf das Bild klicken. Wenn der Cursor die Form eines Vierfachpfeils annimmt, können Sie mit gedrückter linker Maustaste Ihr Bild verschieben.

> Wir fahren in den Zoo!
>
> Am Montag, den 27. August fahren wir in den Zoo nach Hannover. Abfahrt ist um 8:00 am Kindergarten, Rückkehr um 13:00 Uhr. Die Kinder benötigen keine Speisen oder Getränke, die Erzieherinnen haben alles dabei. Bitte denken Sie an ausreichend Sonnenschutz und eine Kopfbedeckung!
>
> Wir freuen uns auf
> einen tollen Zoo-Tag am 27. August
> viel Spannendes über die Tiere
> eine Rallye rund um Zoo & Co
> einen Imbiss aus Obst, Säften und Vollkornbrot

Zwar mit dem PC geschrieben, aber trotzdem kein Hingucker: Der Aushang zum Zoobesuch.

Tipp

Um Aushänge hervorzuheben, können Sie einen farbigen Rahmen verwenden. Dazu ein farbiges Blatt laminieren – Rot ist besonders auffällig, aber auch andere Farben eignen sich. Nach dem Laminieren mit einem Cutter vorsichtig ein inneres Rechteck herausschneiden, sodass nur ein Rahmen übrig bleibt – fertig! Ihren Rahmen können Sie über jeden Aushang pinnen und damit besondere Aufmerksamkeit erwecken. Vorteil: Der Rahmen kann immer wieder eingesetzt werden.

> Wir fahren in den Zoo!
>
> Am Montag, den 27. August fahren wir in den Zoo nach Hannover.
>
> Abfahrt ist um 8:00 am Kindergarten, Rückkehr um 13:00 Uhr.
>
> Die Kinder benötigen keine Speisen oder Getränke, die Erzieherinnen haben alles dabei.
>
> Bitte denken Sie an ausreichend Sonnenschutz und eine Kopfbedeckung!
>
> Wir freuen uns auf
> einen tollen Zoo-Tag am 27. August
> viel Spannendes über die Tiere
> eine Rallye rund um Zoo & Co
> einen Imbiss aus Obst, Säften und Vollkornbrot

Eine größere Schrift ist besser lesbar, und durch das Querformat hebt sich das Blatt schon etwas von anderen Aushängen ab.

> ## Wir fahren in den Zoo !
>
> Am Montag, den 27. August fahren wir in den Zoo nach Hannover.
>
> Abfahrt ist um 8:00 am Kindergarten, Rückkehr um 13:00 Uhr.
>
> Die Kinder benötigen keine Speisen oder Getränke, die Erzieherinnen haben alles dabei.
>
> Bitte denken Sie an ausreichend Sonnenschutz und eine Kopfbedeckung!
>
> **Wir freuen uns auf:**
> • einen tollen Zoo-Tag am 27. August
> • viel Spannendes über die Tiere
> • eine Rallye rund um Zoo & Co
> • einen Imbiss aus Obst, Säften und Vollkornbrot

So ist es besser: Überschrift und Bild vermitteln die wichtigsten Informationen auf einen Blick.

Vortrag –
Informationen LIVE!

Informationen an ein Publikum zu bringen, ob durch Vortrag, Faltblatt, Brief oder Plakat, erfordert vor allem eines: gute Vorbereitung. Die Präsentation zwingt uns, ein Thema so zu „verpacken", dass es bei den Empfängern ankommt. Das fällt manchmal leicht, oft aber auch recht schwer. Denn für die passende „Verpackung" ist nicht nur Fachkenntnis gefragt. Es ist auch notwendig, sich auf Wesentliches zu konzentrieren, eine Struktur, einen roten Faden oder irgendeine Art der Hierarchie zu entwickeln und schließlich die optimale Form zu finden.

Über das Konzept der „spielzeugfreien Zeit" beispielsweise können Sie sicher stundenlang referieren: Hintergrundinformationen über Entwicklungsstände der Kinder, pädagogische Konzepte, praktische Umsetzung, Fortbildungen des Teams – wer sich in einem

Thema auskennt und eine gewisse Leidenschaft dafür mitbringt, kann sich leicht in dem Anspruch verlieren, möglichst gründlich zu informieren.

Wünschen Sie aber, dass Ihre Zuhörer Ihren Ideen auch wirklich folgen können, dass Ihre Konzepte verstanden werden und Sie die Menschen, die Ihnen zuhören, wirklich begeistern, müssen Sie mehr mitbringen als bloße Informationen.

Auf den folgenden Seiten bekommen Sie hilfreiche Methoden, Ideen und Tipps für professionelle Vorträge an die Hand. Von Inhalt strukturieren und Visualisieren über Spannung erzeugen bis hin zu wirksamen Tricks gegen Lampenfieber – hier erfahren Sie, was Sie tun können, um Ihr Publikum zu überzeugen.

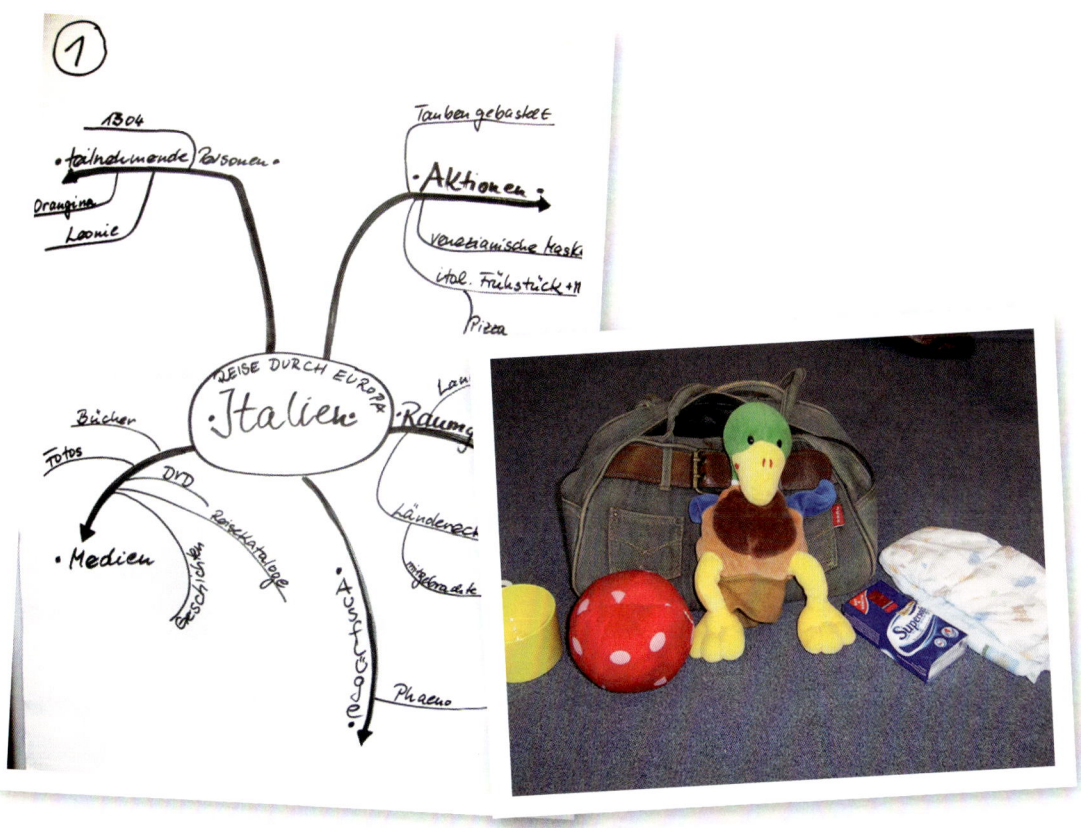

Der rote Faden –
Struktur ins Thema bringen

Wo fange ich bloß an?

Komplexe Themen zu strukturieren und in eine verständliche Form für „Nicht-Experten" zu bringen, ist nicht einfach. Je besser aber eine Präsentation vorbereitet ist, desto leichter fällt es den Zuhörern, ihr zu folgen, und desto besser finden Sie sich im Thema zurecht.

Fünf Regeln für einen guten Vortrag

1. **Strukturieren –**
   das 4-W-Modell und andere Modelle für einen guten Aufbau.

2. **Visualisieren –**
   ein Bild sagt mehr als 1000 Worte.

3. **Spannung erzeugen –**
   Ihre Präsentation ist wie ein Theaterstück.

4. **Überblick behalten –**
   den roten Faden nicht verlieren.

5. **Begeistern –**
   punkten mit Einstieg und Schluss.

Vortrag gliedern ganz einfach

Die einfachste Möglichkeit, Ihren Vortrag in Form zu bringen, ist das Schema „Anfang – Mitte – Schluss". Zeitlich sollten etwa 15 Prozent der verfügbaren Zeit für den Einstieg genutzt werden, 75 Prozent für den Hauptteil und etwa 10 Prozent für den Schluss. Gliedern Sie Ihren Hauptteil in zwei bis vier Unterteile, die ihrerseits auch kurz eingeleitet werden. Was inhaltlich zu den Unterteilen gehört, welche unerwarteten, spannenden, aufrüttelnden oder überzeugenden Fakten Sie für den Einstieg verwenden und wie Sie den Schluss so gestalten, dass Ihre Zuhörer im gewünschten Sinn aktiv werden, tragen Sie mit Hilfe einer Mindmap oder im Gespräch mit den Kolleginnen zusammen. Informationen zum Thema Mindmap finden Sie ab Seite 90.

Der rote Faden im Hauptteil

Um den „roten Faden" zu entwickeln, anhand dessen Sie die Hörer durch den Hauptteil führen, können Sie auf Bewährtes zurückgreifen. Es gibt **unterschiedliche Muster**, nach denen eine Präsentation geordnet und Informationen strukturiert werden können:

Chronologisches Vorgehen:

Hier ordnen Sie die Ergebnisse zeitlich an. Bezogen auf das Beispiel einer spielzeugfreien Zeit, könnte die Struktur des Vortrags also mit der ersten Idee zu diesem Vorhaben beginnen, die Sie vor einigen Jahren hatten. Es folgen erste Erfahrungen, Misserfolge und Erfolge, Weiterentwicklungen, bis Sie zum aktuellen Stand kommen: Auch in diesem Jahr wird das Konzept in Ihrer Einrichtung fortgesetzt.

Vom Bekannten zum Neuen kommen:

Vielleicht knüpfen Sie an ein Ereignis der letzten Zeit an, als Kinder ganz ohne Spielzeug im Außengelände gespielt haben. Vielleicht erinnern Sie an frühere, den Eltern bekannte Kinderspiele, wie Verstecken oder Räuber und Gendarm, die ohne Material auskamen. Von diesem Punkt, der an die Erfahrungen der Eltern anknüpft, starten Sie dann zu einer Vorstellung Ihres Konzepts, der spielzeugfreien Zeit.

Vom Detail zum großen Ganzen:

Bei diesem Vorgehen greifen Sie ein Detail auf und verwenden es als Aufhänger, um einen komplexeren Gesamtzusammenhang zu erläutern. Kann das Detail vielleicht ein Alltagsgegenstand, wie eine Schnur, eine Decke, oder etwas aus der Natur, wie z. B. Sand oder ein Ast, sein? Wie können Sie vom Detail zum Konzept des spielzeugfreien Spiels gelangen? Was lässt sich anhand eines einzelnen Gegenstands oder anhand einer Idee erläutern, das zum Verständnis des Gesamtkonzepts beiträgt? Sicher fallen Ihnen noch andere „Details" ein, die Ihr „großes Ganzes" erläutern und nachvollziehbar machen.

Nach dem 4-W-Modell:

Das vierte Strukturierungsmuster für Ihren Vortrag ist das 4-W-Modell. Es liefert eine gute Ausgangsbasis, um ein Thema übersichtlich zu strukturieren, weil es alle wesentlichen Gesichtspunkte eines Themas abdeckt. Im Folgenden soll es deswegen ausführlicher vorgestellt werden.

Kurz und knapp

Informationen einer Rede brauchen Struktur. Für welches Modell Sie sich entscheiden, hängt immer vom Thema und der Situation Ihres Vortrags ab. Dies sind einige Möglichkeiten, Informationen zu strukturieren:

1. Chronologisch
2. Vom Bekannten zum Unbekannten
3. Vom Detail zum Ganzen
4. Das 4-W-Modell

Das 4-W-Modell als Strukturierungshilfe

Die vier „W" aus dem Namen des Modells stehen für die vier W-Fragen:

✔ „Warum?"
✔ „Was?"
✔ „Wie?"
✔ „Wozu?"

Diese Fragen passen zu fast jedem Thema. Wenn Sie sie Stück für Stück beantworten, liefern sie Ihnen ein brauchbares Gerüst, anhand dessen Sie Ihren Vortrag aufbauen können. Ob Sie alle Fragen beantworten oder einzelne herausgreifen, ist natürlich von Anlass, Dauer und Inhalt abhängig. Überlegen Sie für sich, und notieren Sie stichwortartig die Antworten auf die vier W-Fragen:

Warum?

✔ Was bedeutet das Thema für mich (persönlich)? Warum spreche gerade ich darüber, was ist der Anlass?
✔ Warum ist das Thema wichtig, was ist die allgemeine Bedeutung?
✔ Welche Entwicklung hat das Projekt genommen, was ist der Hintergrund?
✔ Warum spreche ich dieses Publikum an? Was wissen meine Zuhörer schon, welche Erfahrungen haben sie?

Was?

✔ Hier sage ich meinem Publikum, was das Ziel meiner Präsentation ist: Was will ich erreichen? Will ich informieren, Verhalten ändern, aufrütteln, zum Handeln auffordern?
✔ Was weiß ich über das Thema, welche Definitionen, Zahlen und Daten kann ich anführen?
✔ Was macht mein Thema greifbar, welche Beispiele und Bilder kann ich zeigen?
✔ Welche Experten, Zitate und Literatur kann ich erwähnen?

Wie?

✔ Wie sehen das Thema oder die Situation konkret aus? (Geben Sie Beispiele, oder illustrieren Sie durch eine Geschichte.)
✔ Wie sieht unser weiteres Vorgehen in der Sache aus, wie genau soll gehandelt werden? (Beantworten Sie die Frage: „Wie gehe ich konkret vor, was sind die nächsten Schritte?" Dazu können Sie während des Vortrags ggf. auch eine gemeinsame Aktivitäten-Checkliste erstellen – aber bitte schriftlich und für alle Zuschauer sichtbar.)

Wozu?

✔ Wozu nutzt das Ganze? (Arbeiten Sie heraus, was an dem Thema für Ihre Zielgruppe, z. B. Eltern, erstrebenswert ist.)
✔ Was kann sich in unserer Gruppe/Einrichtung/Elternschaft/Gesellschaft durch das Projekt ändern? (Zeigen Sie, was für die Zuhörenden anders und besser sein wird, wenn das Thema bearbeitet ist.)
✔ Fordern Sie die Teilnehmer auf, Möglichkeiten der Beteiligung zu erarbeiten. Wie kann das Projekt „Spielzeugfreie Zeit" zu Hause begleitet werden?

✔ Kita-Projekte originell dokumentiert ✔ Flyer, Einladungen und Aushänge ✔ Präsentationen mit Aha-Effekt

Strukturieren mit der Mindmap

Das Verfahren wurde von dem Amerikaner Tony Buzan entwickelt und regt dazu an, komplexe Zusammenhänge sichtbar zu machen. Wie eine Landkarte Ihrer Gedanken entsteht dabei ein komplexes Bild, das alle wichtigen Aspekte eines Themas sichtbar macht. Gedanken und Ideen können jederzeit hinzugefügt werden, nichts geht verloren. Oft fallen uns erst dann, wenn wir alles Bekannte scheinbar „abgearbeitet" haben, spannende und wichtige Querverweise

und Verknüpfungen ein. Die Mindmap unterstützt das, weil sie nicht linear, sondern parallel und organisch arbeitet.

Mindmaps oder „Gedanken-Landkarten" helfen uns, auch komplexe Themen übersichtlich zu gestalten. Sie setzen weniger auf Listen und einzelne Punkte, die abgearbeitet werden, sondern sprechen vielmehr die bildliche Vorstellung an. Darin entsprechen sie zu weiten Teilen der Arbeitsweise unseres Gehirns. Wer sich einmal mit Mindmaps vertraut gemacht hat, wird bald ihre vielfältigen Einsatzgebiete entdecken.

Regeln fürs Mindmapping

Um die nächste Präsentation mit Hilfe einer Mindmap zu strukturieren, gehen Sie so vor:

✔ Legen Sie ein großes Blatt Papier (am besten DIN A3) quer vor sich hin, und schreiben Sie in die Mitte das Thema, z. B. „Spielzeugfreie Zeit".

✔ Von der Mitte aus zeichnen Sie mehrere Äste nach außen. Jeder Ast steht für einen wichtigen Aspekt Ihres Themas, Unteraspekte werden als Verästelungen angefügt. Wenn Sie bereits angefangen haben, Ihr Thema mit dem 4-W-Modell zu strukturieren, können die vier Hauptäste der Mindmap auch diese Fragen (Warum?, Was?, Wie?, Wozu?) abbilden.

✔ Beschriften Sie die Äste, indem Sie oben und waagerecht schreiben.

✔ Achten Sie auf gute Lesbarkeit, verwenden Sie Druckschrift.

✔ Setzen Sie Farben, Bilder und Symbole ein. Alle Hauptäste können z. B. eine Farbe haben, alle Nebenäste eine andere. Oder zeichnen Sie farbige Zeichen und Symbole an die Äste. Hauptsache, Ihre ganz persönliche Gedanken-Landkarte wird dadurch eindringlicher.

✔ Achten Sie beim Zeichnen bitte darauf, dass eine Mindmap keine Sonne ist, die Äste sollen ruhig gebogen sein und nicht steif und starr nach außen gehen. Die gebogene Form der Äste soll die Fantasie anregen und deutlich machen, dass ein Thema wachsen kann.

✔ Nehmen Sie nun den Stapel an Informationen, Bildern oder Ideen für Ihre Präsentation, und ordnen Sie die Inhalte in Stichworten einzelnen Ästen zu. Sie sehen bei dieser Methode schnell, ob ein Ast zu wenig „abbekommen" hat.

Mindmaps visualisieren auch Ihren Vortrag

Nutzen Sie die Mindmap auch zur Illustration Ihrer Ideen beim Vortrag. Dazu übertragen Sie Ihren Entwurf auf das Flipchart oder einen großen Pinnwand-Bogen. Für eine solche Präsentation darf die Mindmap allerdings nicht allzu viele Verästelungen aufweisen, sonst wird es unübersichtlich. Beschränken Sie sich auf maximal fünf Hauptäste und nur eine oder zwei Unterebenen.

Spannung bauen Sie auf, wenn Sie erst nur das Gerüst aufzeichnen und während des Vortrags mit Bildern und Worten ergänzen.

Beschriftungen können Sie auch vorbereiten (z. B. auf farbigen Karten aus dem Moderationsbedarf) und sie dann nur anpinnen. So sparen Sie sich das zeitaufwändige Schreiben während der Präsentation.

Der große Vorteil dieser Methode: Sie können jederzeit Ergänzungen aus dem Publikum integrieren. Mindmaps eignen sich deshalb auch sehr gut, wenn gemeinsam Pläne entwickelt werden, z. B. zur Frage *„Neugestaltung unseres Außengeländes"*.

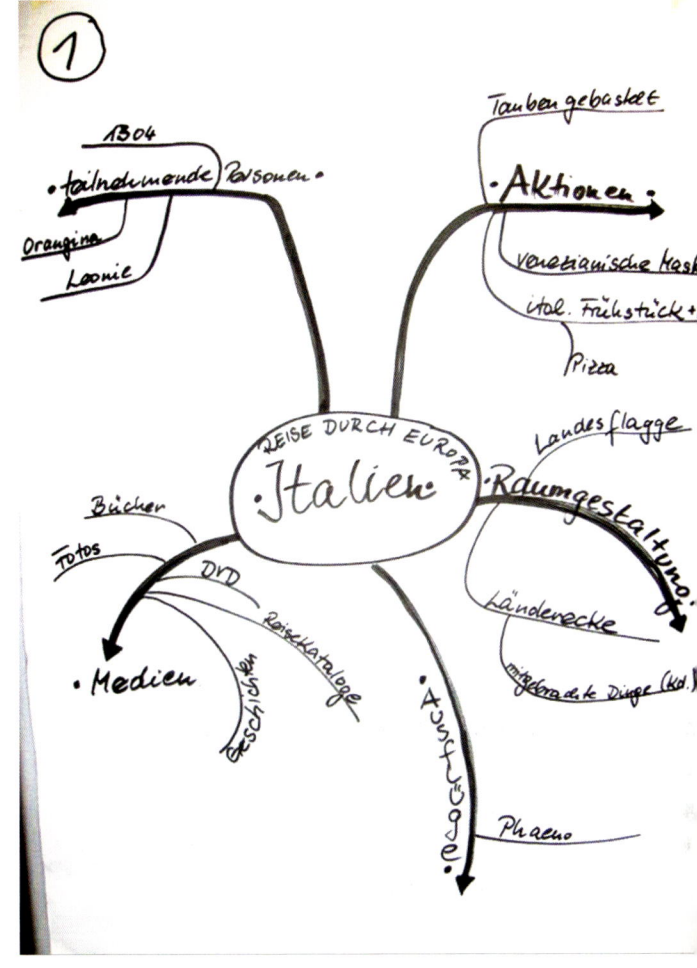

Die Mindmap strukturiert das Thema „Reise durch Europa" für eine Präsentation beim Elternabend.

Den Ablauf des Vortrags planen

Thema:			Datum:
Inhalt Hauptgedanke, Unterpunkt, Aufforderung	**Zeit**	**Wer ist aktiv?** Vortragender, Zuhörer- beteiligung in Kleingruppen, Plenum	**Medieneinsatz** Flipchart, Pinnwand, Beamer, Audio, Plakat, Fragebogen, Objekte, …
Einstieg/Anfang:			
Hauptteile/Mitte:			
Schluss:			

© Verlag an der Ruhr | Ulrike Lindner | ISBN 978-3-8346-0827-7 | www.verlagruhr.de

Eltern informieren, überzeugen und begeistern

Informationen sichtbar machen –
Bilder und visuelle Hilfsmittel einsetzen

Haben Sie Ihre Informationen in eine Struktur gebracht und die Kernaussagen in einer Mindmap für sich zusammengefasst? Dann haben Sie schon einen Großteil der Arbeit erledigt. Nun geht es darum, Ihren Vortrag für die Zuhörer aufzubereiten. Eines der wirksamsten Mittel dafür ist die **Visualisierung**, das heißt das Verbildlichen Ihrer Informationen.

Sicher kennen Sie die Redewendung *„Ein Bild sagt mehr als 1000 Worte"*. Bilder und Symbole werden unmittelbar verstanden, sie wecken die Aufmerksamkeit und fesseln die Zuhörer weit stärker als Geschriebenes oder Gesprochenes. Informationen, die durch Bilder transportiert werden, bleiben besser im Gedächtnis „hängen", weil das Gehirn sie besser und schneller verarbeitet.

Warum ist das so? Unser Gehirn besteht aus zwei Hälften. Die linke Gehirnhälfte ist zuständig für logisches Denken, Sprache und mathematische Zusammenhänge. Der rechten Gehirnhälfte werden dagegen räumliches Verständnis, Intuition, Musikalität, Kreativität und ganzheitliches Erfassen zugeordnet. Für einen optimalen Lernerfolg sollten beide Gehirnhälften angesprochen werden – das gelingt unter anderem, wenn Sie möglichst viele Sinne ansprechen. Je besser das gelingt, desto höher ist die innere Beteiligung Ihrer Zuhörer.

Indem Sie eine Information in ein Bild verpacken, machen Sie sie „augenfällig" und sprechen damit den visuellen Sinn an.

Gut zu wissen

Nach wissenschaftlichen Untersuchungen behält ein Zuhörer von Ihrer Präsentation:

✔ 10 % durch reines Zuhören,
✔ 10 % nur durch Sehen,
✔ 30 bis 40 % durch eine Kombination aus Hören und Sehen, z. B. durch einen Vortrag mit Schaubildern,
✔ 60 bis 70 %, wenn selbst aktive Beteiligung ermöglicht wird, z. B. durch eine gemeinsame Aktivitäten-Checkliste, Fragen ans Publikum oder Selbst-Ausprobieren.

Visualisieren heißt, sich auf das Wesentliche zu konzentrieren

Wer eine Kernaussage herausarbeiten möchte, um sie in Bilder fassen zu können, der muss präzisieren und sich aufs Wesentliche konzentrieren. Wenn das gelingt, ersparen Bilder langatmige Erklärungen und viele Worte und halten Eltern und/oder Kolleginnen bei der Stange. Motive und Bildideen finden Sie in Ihrer Einrichtung sicher reichlich – das müssen übrigens nicht unbedingt immer die Kinder sein, auch Gegenstände oder Räume sprechen oft eine deutliche Sprache. Zeigen Sie z. B. eine Zahnbürste von Nahem, wenn es um Körperpflege und Hygiene geht, einen Turm aus Bausteinen, wenn Feinmotorik behandelt wird, einen Apfel, wenn Sie über Ernährung reden. Bemühen Sie sich auch um eine überraschende Bildsprache, um Motive, die in Erstaunen versetzen, Ihre Zuhörer kurz stutzen oder schmunzeln lassen. Gut geeignet sind hierfür Motive aus dem Tierreich oder Illustrationen.

Achtung

Visualisieren heißt nicht, einfach ein paar Bilder in Ihren Vortrag einzufügen. Sinnvoll wird das Ganze nur dann, wenn die Bilder tatsächlich eine eigene Botschaft haben. Visualisieren heißt deshalb, dass Sie Ihre Informationen im wahrsten Sinne „auf den Punkt" bringen müssen.

Medien zur Visualisierung nutzen

Die bekanntesten Hilfsmittel, um Bilder, Texte und andere Inhalte zu präsentieren, sind Flipchart oder PowerPoint-Präsentationen. Eines davon werden Sie in den meisten Fällen einsetzen.

Viele Kitas besitzen ein Flipchart oder können einen ausleihen. Für eine PowerPoint-Präsentation benötigen Sie ein Notebook und einen Beamer. Beamer können z. B. über die Bildstellen ausgeliehen werden, wenn kein eigener zur Verfügung steht. Inzwischen ist die Bedienung auch relativ einfach und kann auch ohne besondere Technikkenntnisse vorgenommen werden.

Bei uns in der Krippe – mit diesen Gegenständen wird den Eltern alles Wichtige greifbar vermittelt.

Link-Tipp

Fotomotive finden Sie übers Internet. Viele Datenbanken sind kostenlos und gut sortiert, z. B. **www.pixelio.de** oder **www.flickr.com**. Oft sind die Aufnahmen für den redaktionellen und privaten Gebrauch freigegeben, beachten Sie jedoch immer die Nutzungsbedingungen.

Idee

Visualisieren können Sie auch mit Gegenständen. Suchen Sie Gegenstände, die Ihre wichtigsten Aussagen „verkörpern", und präsentieren Sie sie Stück für Stück während Ihrer Rede. Schön ist es, wenn das Publikum die einzelnen Teile nicht vorher sieht, sondern erst nach und nach. Verwenden Sie ein passendes Behältnis, wie eine Kindergartentasche, eine beklebte Kiste, einen Kinderkoffer, eine Schultüte o. Ä., aus dem Sie die Gegenstände Stück für Stück „hervorzaubern".

So visualisieren Sie sinnvoll

Egal, ob Flipchart oder PowerPoint, gelungen sind Präsentationen, wenn Sie folgende Punkte beachten:

✔ Planen Sie **nicht zu viele Informationen** pro Seite/Folie ein.

✔ Schreiben Sie **in Stichworten/Aufzählungen**, und halten Sie den Text einfach und knapp.

✔ Setzen Sie **Farben und Symbole** gezielt ein, aber bitte nicht übermäßig – seien Sie strukturiert, nicht bunt.

✔ Nutzen Sie **Bilder und Diagramme**. Speziell bei Flipchart-Präsentationen können Sie mit Symbolen und kleinen Illustrationen arbeiten, die leicht selbst zu malen sind.

✔ Wählen Sie eine ausreichend **große Schrift** aus (bei PowerPoint-Folien nicht kleiner als 30 Punkt).

✔ Schreiben Sie in **Groß- und Kleinbuchstaben**. Viele Menschen nehmen an, dass Großbuchstaben die Wichtigkeit einer Botschaft unterstreichen. Wenn das Geschriebene jedoch länger ist als STOP, sollten Sie auch Kleinbuchstaben verwenden, das ist besser lesbar.

✔ Sorgen Sie für **Spannung**, indem Sie Folien stückweise aufbauen bzw. auf das Flipchart den unteren Teil einer Seite zunächst abkleben oder beschriftete Moderationskarten nacheinander ankleben.

✔ Machen Sie Ihre **Tagesordnung** bzw. den roten Faden durch Ihren Vortrag sichtbar. Schreiben Sie die

Tagesordnung deshalb immer einmal auf das Flipchart, und hängen Sie die Seite später an die Wand (falls Sie umblättern). Bei PowerPoint-Präsentationen lassen Sie den Flipchart-Ständer stehen. Vorteil: Alles bleibt sichtbar, und Sie können sich jederzeit darauf beziehen (*„Wir kommen jetzt zum letzten Punkt meines Vortrags"* oder *„Sie sehen ja, dass ich auf diesen Punkt gleich noch komme"*).

✔ Sorgen Sie **für Abwechslung**, indem Sie mindestens einen Medienwechsel einbauen. Wenn Sie per PowerPoint präsentieren, nutzen Sie für Ihr wichtigstes Argument das Flipchart – und umgekehrt. Unterbrechen Sie Ihre Rede am Flipchart für eine kurze PowerPoint Präsentation.

✔ Nutzen Sie auch noch weitere Möglichkeiten für den **Medienmix**, indem Sie vorbereitete **Handouts** ausgeben oder Plakate oder Poster aufhängen und zum kurzen **Rundgang** einladen. Bereiten Sie Poster auf großformatigen Bögen für Pinnwände vor, oder verwenden Sie Packpapier. Gute Struktur gelingt Ihnen mit Moderationskarten oder anderen Materialien aus dem Moderationsbedarf, wie Wolken, Pfeilen, Überschriftstreifen oder verschiedenfarbigen „Kullern". Zum Beschriften eignen sich Moderationsmarker mit abgeflachter Schreibkante oder andere dicke Filzstifte.

Buch-Tipps

Anregungen zum Einsatz von Bildern und Diagrammen finden Sie z. B. in Bernd Weidenmanns Buch mit dem Titel *„100 Tipps & Tricks für Pinnwand und Flipchart"*, das 2003 im Beltz Verlag erschienen ist.

Fachbücher zur Moderationsmethode sind eine Fundgrube für Ideen zur Visualisierung. Eine gute Einführung finden Sie u. a. in Ulrich Lipps und Hermann Wills Buch mit dem Titel *„Das große Workshop-Buch"*, das 2008 im Beltz Verlag erschienen ist.

✔ Sie können auch großformatige **Ablaufschemata** auf dem Boden auslegen und abgehen. Oder Sie integrieren kurze **Filme** oder **Hörsequenzen** in die PowerPoint-Präsentation bzw. spielen sie extra ab.

Idee:
Wirkungsvoller Einsatz der Ablaufschemata

Das Schema zum „Ablaufen" eignet sich sehr gut, um Prozesse oder Zeitabläufe zu verdeutlichen. Eine tolle Anwendung dafür ist der „Tagesablauf in der Einrichtung", der beim Elternabend für neue Eltern oft auf der Tagesordnung steht. Kleben Sie mehrere große Papierbögen aneinander, oder arbeiten Sie mit einer Tapetenrolle. Ein langer Strich symbolisiert den Tagesablauf. Malen Sie eine aufgehende Sonne als Zeichen für den Beginn des Tages in der Kita, einen Halbmond für das Ende des Kita-Tages. Der Platz dazwischen gehört dem Tagesablauf. Finden Sie Zeichen, Symbole, Fotos oder Gegenstände, die einzelne Stationen verdeutlichen, z. B. Teller und Tasse fürs Frühstück, Zahnbürste fürs Zähneputzen, Matschhose, Schaukel, Ball o. Ä. fürs Freispiel im Freien, Pinsel und Schere fürs Basteln, einen Stuhl für den Stuhlkreis, …

Kinder beteiligen

Bereiten Sie ein Ablaufschema nach den Vorstellungen des Teams vor, und erstellen Sie ein zweites mit den Kindern. Nennen Sie dieses Bild „So ist es bei uns jeden Tag". Sammeln Sie anhand des vorbereiteten Zeitstrahls gemeinsam die Stationen des Tages, die den Kindern wichtig sind, und finden Sie gemeinsam Bilder oder Zeichen dafür. Was wohl dabei herauskommt? Sehen beide Abläufe gleich aus? Oder gibt es da Unterschiede? Nutzen Sie diese Bodenbilder beim Elternabend im Medienmix, um Ihre Zuhörer in Bewegung zu bringen.

Vier Rezepte gegen Langeweile –
Wie Sie die Zuhörer beteiligen

Auch wenn der Vortrag noch so gut gegliedert ist, wenn alle wichtigen Punkte perfekt visualisiert wurden, kann die Veranstaltung zum Langweiler werden. Gerade bei längeren Reden gibt es immer Phasen, in denen die Aufmerksamkeit nachlässt und Ihre Zuhörer ermattet in die Stühle sinken. Als Gegenrezept hilft nur die Beteiligung oder „Aktivierung" Ihrer Zuhörer. Keine Angst – aktiv heißt nicht, dass alle aufstehen und Kniebeugen machen sollen. Aktivieren heißt einfach, dass die Zuhörer in irgendeiner Form einbezogen werden.

Direkte Ansprache

Sobald sich jemand persönlich angesprochen und betroffen fühlt, steigt die Aufmerksamkeit wieder. Dafür reicht es manchmal schon, wenn Sie einen persönlichen Bezug herstellen. Direkte Ansprache („*Sie wissen …*", „*Wir werden gemeinsam …*", „*Ihre Kinder erleben täglich, dass …*") ist dafür besser geeignet als allgemeine Formulierungen wie „*Es hat sich gezeigt, dass…*" oder alle Formulierungen mit dem unpersönlichen „*man*". Gerade beim Elternabend können Sie auch einzelne Anwesende direkt ansprechen, natürlich ohne sie bloßzustellen: „*Frau Meier, Sie haben das neulich erzählt, als Leonie aus dem Kindergarten kam und …*"

Mit Fragen aktivieren

Auch Fragen eignen sich hervorragend zum Aktivieren: „*Wer von Ihnen nutzt den Computer bei der täglichen Arbeit? Bitte stehen Sie einmal auf.*" Diese Frage wird einen Großteil der Eltern zum Stehen bringen. Fragen können gut zu Beginn einer Präsentation eingesetzt werden, aber auch im Mittelteil, wenn Bewegung und Beteiligung gefragt ist. Natürlich handelt es sich in der Regel um rhetorische Fragen – schließlich wollen Sie weitersprechen und (noch) keine Diskussion in Gang bringen. Wählen Sie nach Möglichkeit Fragen immer so, dass mindestens die Hälfte der Zuhörer reagieren kann.

Miteinander reden

Um einen längeren Vortrag aufzulockern, bringen Sie die Zuhörer miteinander ins Gespräch. Geben Sie einen Arbeitsauftrag wie: „*Sammeln Sie doch bitte mit Ihrem Nachbarn, was Sie noch zum Thema ‚Medien im Kinderzimmer' wissen möchten. Ich habe Ihnen dazu Karteikarten und Stifte auf Ihre Plätze gelegt, wir tragen die Ergebnisse dann gleich zusammen.*"

Rituale und Lieder

Der Kita-Alltag ist strukturiert von kleinen Ritualen. Morgenkreis oder Geburtstagsfeier, Aufräumsignal und Abschiedslied, jede Einrichtung, jede Gruppe hat ihre ganz eigenen Gewohnheiten und Signale. Überlegen Sie einmal, ob nicht Teile davon auch bei einem Vortrag beim Elternabend oder sogar zu einer Informationsveranstaltung passen könnten. Den Eltern macht es allemal Spaß, wenn sie Teile aus dem Alltag ihrer Kinder erleben. Reichen Sie den Redestein herum, wenn Diskussionsbeiträge gewünscht sind, oder bauen Sie andere Rituale ein, wenn sie inhaltlich passen. Gemeinsames Singen beispielsweise macht immer Spaß, auch wenn einige Eltern zunächst gehemmt sind.

Das Wichtigste sind Sie –
Wie Sie gekonnt auftreten

Durch Ausstrahlung und Auftreten überzeugen

„Wir sprechen mit unseren Stimmorganen, aber wir reden mit unserem ganzen Körper." Kennen Sie das? Jemand betritt einen Raum, und alle Blicke richten sich auf diese Person? Nicht weil er oder sie so gut aussieht oder so elegant gekleidet ist – manche Menschen überzeugen einfach durch ihre Ausstrahlung. Dieser Effekt wird auch als Charisma bezeichnet. Er zeigt sich bei einigen Prominenten, wenn auch längst nicht bei allen. Dem amerikanischen Präsidenten Barack Obama wird Charisma ebenso zugeschrieben wie hier zu Lande den Politikern Willy Brandt oder Richard von Weizsäcker. Auch Ex-Bundespräsident Roman Herzog oder der Literaturkritiker Marcel Reich-Ranicki sind nach Meinung vieler Menschen Charismatiker.

Gut zu wissen

Der Begriff Charisma kommt aus dem Griechischen und heißt übersetzt so viel wie „Gnadengabe". Die frühen Christen verstanden darunter die göttliche Eingabe, heute gelten charismatische Personen eher als Menschen mit mitreißender Energie, großer Ausstrahlung und viel Überzeugungskraft.

Nun ist den wenigsten diese Gabe angeboren – dennoch können eine positive Ausstrahlung und ein stimmiges Auftreten durchaus trainiert werden. Der Weg zu mehr Überzeugungskraft und einem souveränen Auftreten führt über

✔ gute Vorbereitung und
✔ Körpersprache.

Ganz wichtig: Es geht beim Training der Körpersprache nicht darum, sich zu verstellen oder etwas vorzu-

täuschen. Das würde auch nicht viel bringen. Psychologen haben nämlich herausgefunden, dass wir nur etwa 150 Millisekunden brauchen, um zu entscheiden, ob ein Gesprächspartner als sympathisch empfunden wird oder nicht. Eine Zeitspanne, die so winzig ist, dass wir sie unmöglich bewusst beeinflussen könnten.

Ausstrahlung und Auftreten trainieren

Das durchaus sinnvolle Training der nonverbalen Signale funktioniert vielmehr in diesen **zwei Schritten**:
✔ Da ist zunächst die **Selbstwahrnehmung**, d. h. sich über eigene Ziele und Erfahrungen und über persönliche Stärken und Schwächen klar zu werden.
✔ Zum Zweiten geht es darum, die wichtigsten **nonverbalen Signale** des Körpers zu kennen. Wer weiß, dass eine bestimmte Körperhaltung Selbstvertrauen signalisiert, während eine andere Unsicherheit ausstrahlt, kann sich bewusst um einen guten Stand und eine aufrechte Haltung bemühen. Das macht uns nicht weniger unsicher und nervös. Sicher ist aber, dass bewusst eingesetzte Haltung, Atemtechnik und Blickkontakt auch Rückwirkung darauf haben, wie sich ein Redner selbst fühlt. Beschäftigung mit diesen Faktoren kann also eine selbstverstärkende Wirkung zeigen. Nach dem Motto: „Ich wirke selbstbewusst, also bin ich selbstbewusst."

Wichtig: Funktionieren kann dieses Training dauerhaft allerdings nur dann, wenn der Inhalt stimmt, die Körpersprache also Hand in Hand geht mit der eigenen inneren Anschauung und Haltung. Ebenso wichtig und hilfreich ist es, von den eigenen Worten überzeugt zu sein. Wenig wirkt so mitreißend wie ein Redner, der merklich von der eigenen Sache begeistert ist. Vor Ihrem Vortrag oder Ihrer Präsentation erinnern Sie sich deshalb immer kurz an Ihre Leidenschaft und Ihr Interesse für das anstehende Thema, statt sich allzu viele Sorgen darüber zu machen, dass Sie eventuell den Faden verlieren könnten.

Der Körper lügt nicht –
Signale der Sicherheit

Bei der Beurteilung eines Menschen, so viel ist sicher, zählt nicht allein der Inhalt seiner Worte. Mindestens ebenso wichtig wie unsere Argumente sind die non-verbalen Signale, die wir aussenden über

✔ Körperhaltung,
✔ Gestik (Gebärden),
✔ Mimik (Gesichtsausdruck) und Blickkontakt,
✔ Stimme und
✔ Pausen.

Die Tipps und Übungen auf den folgenden Seiten helfen Ihnen, beim nächsten Vortrag mit Körperhaltung, Bewegung, Gestik und Mimik Signale der Sicherheit zu senden. Einige der vorgeschlagenen Übungen können Sie gut mit einer Kollegin oder sogar im ganzen Team durchführen, andere helfen bei der Vorbereitung zu Hause oder im Büro.

Signal 1: Aufrechte Körperhaltung

Ein sicherer Stand ist eine wichtige Voraussetzung für eine gute Rede und das erste Signal der Sicherheit, das Sie mit Ihrer Körpersprache senden. „Rückgrat zeigen" oder ein „guter Auftritt" sind Redewendungen, die bildhaft formulieren, was dahintersteckt. Allein mit

Ihrer Haltung signalisieren Sie, dass Sie hinter Ihrer Sache *stehen*. Über alle Kulturgrenzen hinweg vermitteln eine gerade, offene Haltung und ein fester Stand Aufrichtigkeit, Sicherheit und Überzeugungskraft.

Ein aufgerichteter Körper wirkt sich auch auf die Stimme aus: Der feste, gerade Stand erleichtert das Atmen, mehr Luft kann in die Lungen strömen und ermöglicht es damit, die Stimme voll auszuschöpfen. Sie können lauter und klarer sprechen, haben im Wortsinn einen „längeren Atem" und verleihen Ihren Worten mehr Durchsetzungs- und Überzeugungskraft. Im Kontrast dazu verhindert ein energieloser und in sich zusammengesackter Stand das volle Ausschöpfen der eigenen Stimmkraft. Der Atem geht flacher, die Stimme klingt dünner und „piepsiger".

Übrigens: Die Körperhaltung wirkt sich nicht nur darauf aus, wie Sie von anderen Menschen wahrgenommen werden, sie beeinflusst auch ganz wesentlich die eigene Wahrnehmung und Stimmung. Die richtige Körperhaltung kann durchaus dazu beitragen, uns überzeugender wirken zu lassen, weil eine „richtige" Haltung sich auf unser Wohlbefinden und unsere Sicherheit auswirkt. Was dann wiederum bei den Zuhörern ankommt und für mehr Überzeugungskraft und Glaubwürdigkeit sorgt.

Übung zur Selbstwahrnehmung

Probieren Sie es einmal aus:

Stellen Sie sich zunächst aufrecht hin. Lassen Sie nun Kopf und Schultern nach vorn sinken, sodass Sie etwas in sich zusammenfallen. Der Blick ist zum Boden gerichtet. Nun sagen Sie laut: *Es geht mir gut.*

Nun verändern Sie Ihre Position. Richten Sie Wirbelsäule und Kopf auf. Achten Sie auf einen festen, sicheren Stand. Beide Füße werden gleichmäßig belastet, das Gewicht ist stabil verteilt. Der Blick richtet sich nach vorn. Lächeln Sie. Wiederholen Sie Ihren Satz: *„Es geht mir gut."*

Spüren Sie den Unterschied?

In der ersten Haltung ist es fast unmöglich, dynamisch und kraftvoll zu sprechen. Die in sich gesunkene Haltung klemmt das Zwerchfell ab und verhindert, dass die Atemluft in die Bauchhöhle strömen kann. Das Ergebnis sind eine flache Stimme und ein wenig überzeugender Auftritt. In der zweiten Position dürfte Ihnen ein überzeugendes *Es geht mir gut* deutlich leichter fallen.

Den festen Stand trainieren

Die Körperhaltung muss zum einen aufrecht sein, um die volle Atmung zu ermöglichen und uns mit innerer Spannung und Energie zu versorgen. Zum Zweiten ermöglicht es nur die aufgerichtete Haltung, einen festen Stand(-punkt) einzunehmen. Eine feste, aufrechte Haltung trainieren Sie ganz einfach. Die Übung für den aufrechten Stand können Sie immer wieder durchführen, wenn Sie irgendwo stehen, z. B. an der Supermarktkasse …

Richtig stehen

„Immer nur fest auf beiden Beinen, geht das denn?" Viele Menschen empfinden die Vorstellung, während einer Präsentation immer im festen Stand zu stehen, als unangenehm. Natürlich dürfen (und sollen) Sie sich auch bewegen, das unterstützt sogar den Redefluss. Zwar gilt der sichere Stand auf beiden Beinen als besonders förderlich für Atem, Stimme und Sicherheit, aber eine Gewichtsverlagerung von einem auf das andere Bein ist dennoch erlaubt. Man spricht vom Stand- und Spielbein, die innerhalb einer bestimmten Zeit ruhig immer mal gewechselt werden können.

Vorsicht, Falle!

Viele Frauen bevorzugen im Stehen die Gewichtsverlagerung auf ein Bein, während das zweite Bein leicht angewinkelt wird und die Hüfte nach außen wegknickt. Diese „Kleinmädchen"-Haltung sollten Sie vermeiden – sie ist extrem instabil (ein Schubser könnte Sie umwerfen) und wirkt deshalb schnell unsicher.

Aber Achtung: Ein zu häufiges Wechseln signalisiert innere Unruhe und Nervosität. Vermeiden sollten Sie auch, zu viel herumzulaufen. In Maßen ist Bewegung durchaus sinnvoll, etwa um am Flipchart etwas zu zeigen oder um eine Frage aus dem Publikum direkt zu beantworten. Wenn Sie nicht statisch stehen bleiben, sondern sich im Einklang mit dem Redeinhalt bewegen, kann das sogar anregend wirken und die Spannung steigern. Zu viel Bewegung wirkt dagegen schnell unruhig und fahrig.

Übung für den aufrechten Stand

So geht es:

Stellen Sie sich aufrecht hin, beide Beine sind fest im Boden verankert. Die Wirbelsäule ist aufgerichtet. Weiten Sie nun beim Einatmen den Brustkorb, lassen Sie die Schultern locker nach hinten unten sinken, und halten Sie den Kopf aufgerichtet und gerade, so als wäre an Ihrer Scheitelmitte ein Luftballon befestigt, der Sie ein kleines bisschen nach oben zieht. Wiederholen Sie das für einige Atemzüge, und genießen Sie das Gefühl, ganz locker und gerade zu stehen.

Der aufrechte Stand ist eine wichtige Voraussetzung für Atemtechnik und Stimmeinsatz. Mit der nächsten Übung nehmen Sie das bewusst wahr.

Selbstwahrnehmung: Stand und Atemfluss spüren

So geht es:

Stellen Sie sich mit hüftbreit geöffneten Beinen hin. Spüren Sie Ihre Fußsohlen. Bewegen Sie sich erst leicht nach vorn in Richtung Fußballen. Die Knie sind dabei locker und ein wenig gebeugt. Sie werden beobachten, dass Ihr Atem jetzt in den Bauch fließt.

Im Gegencheck rollen Sie die Füße Richtung Fersen und strecken die Knie fest durch. Jetzt kann die Atmung nicht in den Bauch fließen, sondern geht direkt in den Brustkorb.

Diese leicht nach hinten gebeugte Haltung ist beim Sprechen nicht optimal, weil der Atem nicht ungehindert fließen kann.

Drei Übungen für einen festen, entspannten Stand

Übung 1: Die eigene Mitte finden

Für einen festen Stand ist es wichtig, dass Sie nicht den Bodenkontakt verlieren. Gute Atmung und volle Stimme beginnen bei den Füßen.

So geht es:

Stellen Sie sich hüftbreit hin, und beobachten Sie, wie Sie Ihr Gewicht verlagern. Belasten Sie eher die Fersen oder die Ballen? Verlagern Sie das Gewicht nun bewusst nach vorn, sodass Sie fast das Gleichgewicht verlieren. Nun verlagern Sie Ihr Gewicht nach hinten auf die Fersen. Pendeln Sie einige Male nach vorn und hinten, wobei Ihre Bewegungen immer kleiner werden. Wiederholen Sie die Pendelbewegungen auch einmal nach links und rechts. Zum Schluss pendeln Sie sich in der Mitte ein – in dieser Position wirft Sie so leicht nichts um!

Übung 2: Aufrollen

So geht es:

Für einen entspannten, kraftvollen Stand stellen Sie sich hüftbreit hin und lassen den Oberkörper langsam nach unten abrollen. Achten Sie darauf, dass möglichst viele Punkte Ihrer Fußfläche Kontakt zum Boden haben und dass Ihre Knie leicht gebeugt bleiben. Lassen Sie Nacken und Schultern locker. Genießen Sie das Gefühl, ganz entspannt zu sein und alles einfach

hängen zu lassen. Dann beginnen Sie, sich langsam, Wirbel für Wirbel, aufzurichten. Erst ganz zum Schluss heben Sie den Kopf. Sie können sich vorstellen, nun eine Krone auf dem Kopf zu balancieren. Sie müssen vermeiden, dass diese Krone herunterrutscht, indem Sie den Kopf ganz gerade halten. Ziehen Sie das Kinn zu weit nach unten, fällt die Krone nach vorn. Legen Sie den Kopf in den Nacken, purzelt sie nach hinten weg. Verharren Sie kurz in dieser aufgerichteten Haltung, und wiederholen Sie die Übung noch zweimal.

Übung 3: Lockerwerden

Sind wir nervös, verkrampft sich unser ganzer Körper und wird steif. Dann kann der Atem nicht mehr frei fließen, der Körper muss gelockert werden.

So geht es:

Spannen Sie dazu jeden Muskel einmal bewusst ganz fest an. Beginnen Sie bei den Füßen, und wandern Sie mit der Aufmerksamkeit nach oben. Muskel für Muskel bauen Sie Spannung auf. Halten Sie die Anspannung einige Sekunden, dann lassen Sie los. Das Loslassen passiert während der Ausatmung. Wiederholen Sie das zwei- bis dreimal.

Signal 2: Gestik

„Gestik macht man nicht, man hat sie." Verschränkte Arme wirken abweisend? Heftiges Gestikulieren zeugt von südländischem Temperament? Handflächen nach außen heißt „ich bin offen"? – Über die richtige oder falsche Gestik haben die meisten Menschen schon (zu) viel gehört. Oft führt aber gerade diese übermäßige Bewusstheit für alle möglichen „falschen" Gesten dazu, dass wir uns verkrampfen und dann genauso wirken, wie wir es eigentlich vermeiden wollten – unsicher. Wer seine eigene Gestik, also die Bewegungen der Arme, Hände und des Kopfes, unterdrückt, läuft Gefahr, sich häufiger zu versprechen und den Faden zu verlieren. Im Rahmen des persönlichen Stils sollten

Sie deshalb die eigene Gestik getrost zulassen. Mit Handbewegungen können Sie Ihren Vortrag sogar abwechslungsreich und lebendig gestalten: Etwas ist soooo groß oder soooo klein? Zeigen Sie es mit den Händen. Das ist genau der Punkt! Eine entsprechende Handbewegung setzt auch gestisch einen Akzent an dieser Stelle.

Auch Kopfbewegungen sind Teil der Körperbewegung. Verhaltensforscher haben herausgefunden, dass Nicken nicht nur im Gespräch als Zeichen von Interesse gute Wirkung zeigt. Auch wenn wir während eines Vortrags zu unseren eigenen Worten (gelegentlich!) nicken, stärkt das die Überzeugungskraft unserer Argumente.

Die Hände im Fokus

Aber wohin mit den Händen, wenn wir gerade nicht gestikulieren? Diese Frage bewegt fast alle Redner, wohl jeder kennt das unangenehme Gefühl, dass Hände und Arme wie Fremdkörper am eigenen Körper herabbaumeln. Machen Sie sich zunächst bewusst, dass Eigen- und Fremdwahrnehmung sich in dieser Situation beträchtlich voneinander unterscheiden. Während Sie vielleicht den Eindruck haben, Ihre Hände hätten die Größe von Gartenschaufeln und würden dick und schwer alle Blicke auf sich ziehen, fällt den Eltern, die Ihnen beim Elternabend gegenübersitzen, vermutlich gar nichts Außergewöhnliches auf.

Vorsicht, Falle!

Diese Gesten sollten Sie vermeiden, denn sie wirken unangenehm oder zeigen Verunsicherung:

Der **ausgestreckte Zeigefinger** belehrt und bedroht. Verzichten Sie auf diese schulmeisterliche Geste!

Ihre **Hände** gehören **nicht ins Gesicht**. Auch wenn Sie zu Recht nervös sind – das „Herumfummeln" im Gesicht oder in den Haaren irritiert jeden Zuhörer.

Die **Hände** sollten sichtbar bleiben – verstecken Sie sie also **nicht hinter dem Rücken** oder in der Tasche. Auch wenn niemand ernsthaft glaubt, dass Sie ein Messer herausziehen oder sich heimlich kratzen – sichtbare Hände sind ein Zeichen für Offenheit, auf das kein Redner verzichten sollte.

Bemühen Sie sich, während des Redens auf alle **Gesten** zu verzichten, **die Sie verkrampfen lassen**, z. B. die Arme vor der Brust zu verschränken, die Hände zu ballen, die Schultern hochzuziehen, sich krampfhaft an einem Gegenstand oder Möbelstück festzuhalten. Solche Gesten bauen ungewollte Körperspannung auf und blockieren letztlich auch die Gedanken.

Rhetorik-Profis empfehlen diese Haltung für die Hände: Als ideal gilt die so genannte „neutrale Haltung". Die Arme hängen dabei locker neben dem Körper herab, die Hände können sich leicht vor dem Bauch, etwas unterhalb des Nabels berühren. Aber Vorsicht: Halten Sie die Hände nicht zu tief auf Schoßhöhe. Besonders Männer erinnern in dieser Haltung schnell an einen Rugbyspieler, der Angst vor einem gegnerischen Treffer hat.

Als hilfreich empfinden es viele Menschen auch, einen Stift oder einige Karteikarten in der Hand zu halten. Solange Sie sich nicht an diesen Gegenständen „festklammern" oder damit herumspielen, ist dieses Hilfsmittel auch durchaus erlaubt. Bitte zeigen Sie aber niemals direkt mit Stift oder Zeigefinger auf jemanden, das empfinden die meisten als unangenehm.

Signal 3: Mimik und Blickkontakt

Mit „Mimik" wird der gesamte Ausdruck des Gesichts bezeichnet, auch der Blickkontakt gehört dazu. Ähnlich wie die Gestik, lässt sich auch unsere Mimik nur schwer kontrollieren. Wer es dennoch versucht, wirkt schnell unglaubwürdig.

Ob wir es wollen oder nicht, der Gesichtsausdruck spiegelt die persönlichen Einstellungen und Gefühle und zeigt, ob wir mit etwas übereinstimmen oder nicht. Allein durch Blicke und die entsprechende Mimik können sehr komplexe Botschaften ausgetauscht werden: Erstaunen, Abscheu, Zustimmung, Fragen, Zorn, Freude etc. Untersuchungen zeigen, dass Menschen quer durch alle Kulturkreise hindurch in der Lage sind, bestimmten Gesichtsausdrücken die richtige Gefühlslage zuzuordnen.

Eigene Emotionen dürfen Sie während Ihrer Präsentation ruhig zeigen, wenn Sie allzu ausgeprägte Grimassen vermeiden. Ein ausdrucksstarkes Gesicht fesselt in jedem Fall mehr als ein maskenhafter Vortrag – solange die Gesichtsausdrücke authentisch, d. h. wirklich empfunden sind. Wenn Sie dagegen versuchen, Begeisterung zu heucheln, obwohl Ihnen eigentlich gar nicht danach zu Mute ist, werden Ihre Zuhörer sicher schnell merken, dass etwas nicht stimmt.

Zwei Tricks für eine sympathische Mimik

Statt vor dem Spiegel Gesichtsausdrücke zu trainieren, legen Sie sich mit diesen beiden Kniffen eine sympathische Mimik zu, die wirklich authentisch wirkt:

Positive Einstellung

Zwar können wir mit Körpersprache und Mimik nicht wirklich etwas ausdrücken, das wir nicht fühlen. Aber wir können unsere Gefühle selbst beeinflussen.

Beim Gedanken daran, dass Sie die Kindergarten-Ausstellung vor versammelter Öffentlichkeit und Presse eröffnen sollen, wird Ihnen jetzt schon ganz flau? Sehen Sie die Sache doch mal andersherum: Sie haben die tolle Chance, Ihre gemeinsame Arbeit endlich einmal öffentlich zu zeigen – diese Anerkennung haben das Team und die Kinder wirklich verdient!

Sie sollen vor mehreren Vertretern Ihres Trägers Ihr neues Konzept präsentieren und haben Angst, sich zu verhaspeln? Machen Sie sich lieber klar, dass Sie nicht als Bittstellerin kommen, sondern dass Sie Ihrem Träger helfen, in schwierigen Zeiten die Auslastung zu erhalten.

Lächeln

Wer lächelt, wirkt sympathisch. Das funktioniert auch dann, wenn wir unseren Gesprächspartner gar nicht sehen. Callcenter-Agenten haben deshalb oft einen kleinen Spiegel am Arbeitsplatz, um immer den Gesichtsausdruck zu kontrollieren und sich an das freundliche Lächeln zu erinnern. Im Vortrag hilft Ihnen ein Lächeln, um Sicherheit zu gewinnen. Suchen Sie nach einem freundlichen Gesicht (das darf auch ruhig die Kollegin sein), und schenken Sie der entsprechenden Person ein Lächeln. Sie werden sehen, wie das entspannt und Ihnen Sicherheit verleiht.

Blickkontakt

Kennen Sie die Redewendung *„Die Augen sind der Spiegel der Seele"*? In unserem Kulturkreis gilt Blickkontakt als ein wichtiges Instrument der Kommunikation. Mit Blicken steuern wir den Gesprächsablauf, signalisieren Gesprächsbereitschaft und Aufmerksamkeit, zeigen unsere Zustimmung oder Ablehnung. Auch (und gerade) vor größerem Publikum ist Blickkontakt deshalb äußerst wichtig.

Blickkontakt bleibt aber immer eine Kontaktaufnahme zwischen zwei Partnern. Man kann eben nicht mehreren Personen gleichzeitig in die Augen blicken. Deshalb ist während Ihres Vortrags beim Elternabend ein wechselnder, aber bewusster Blickkontakt mit wenigen Hörern günstiger als der Versuch eines flüchtigen Kontakts mit allen. Achten Sie darauf, das gesamte Spektrum der vor Ihnen Sitzenden anzusehen, indem Sie Ihre Blicke nicht zu schnell von einer Seite der Elternschaft zur anderen wandern lassen und immer wieder für einige Sekunden auf einigen Gesichtern verweilen.

Achtung: Schauen Sie nicht nur diejenigen in der ersten Reihe an, sondern auch Eltern, die weiter hinten sitzen. Gerade in angespannten Situationen neigen wir dazu, nur in eine Richtung zu blicken (vielleicht weil dort jemand sitzt, der besonders interessiert zuhört). Wenn sich aber einzelne Väter oder Mütter ignoriert fühlen, weil Sie nie in ihre Richtung blicken, werden sie unruhig und stören die Präsentation.

Während Sie also mit Blicken den Kontakt zu den Eltern halten, ihre Aufmerksamkeit fesseln und ihre Reaktionen abschätzen können, hat fehlender Blickkontakt genau die gegenteilige Wirkung. Wissenschaftler haben festgestellt, dass mit zunehmender Verunsicherung der Blickkontakt immer mehr abnimmt. Zwingen Sie sich also auch bei Nervosität dazu, die Personen vor Ihnen anzuschauen. Mit umherschweifenden Augen oder dem konzentrierten Blick zur Decke oder auf Ihre Füße signalisieren Sie Unsicherheit oder gar Desinteresse – Eindrücke, die Sie bei Ihrer Präsentation sicher vermeiden möchten.

Gut zu wissen

„Blickkontakt fällt vor allem da auf, wo er nicht vorhanden ist."

Mimik und Gestik üben

Ihre Mimik und Gestik können Sie am besten trainieren, indem Sie sie bewusst wahrnehmen. Dazu dürfen Sie ruhig erst einmal richtig übertreiben, um dann wieder sachlicher zu werden.

So geht es:
Als Übung lesen Sie einen kurzen Text, z. B. aus der Zeitung oder einem Buch, zunächst mit richtig viel Gestik und Mimik. Ein Handspiegel kann helfen, Ihre Gesichtsausdrücke zu beobachten. Nehmen Sie die übertriebenen Bewegungen mit der Zeit zurück, sodass Ihre Gesten und Ihr Gesichtsausdruck natürlich wirken.

Tipp: Diese Übung können Sie auch gut zu zweit, mit dem Partner oder einer Kollegin, durchführen.

Signal 4: Stimme

Unabhängig vom Inhalt des Gesprochenen gibt eine klare, volle Stimme ein viertes Signal der Sicherheit ab. *„Der Ton macht die Musik"*, weiß der Volksmund und liegt mit dieser Aussage auf einer Linie mit der Wissenschaft.

Schon die Tonhöhe, also ob jemand mit hoher oder tiefer Stimme spricht, wird unbewusst wahrgenommen und bewertet. Psychologen haben herausgefunden, dass Menschen mit einer tiefen, dunklen Stimme eher Kompetenz zugesprochen wird und dass sie als überzeugender und angenehmer wahrgenommen werden als Zeitgenossen mit hoher Stimme. Nun kann niemand seine Stimmlage nach Belieben wechseln. Ein bewusster Umgang und vielleicht sogar ein professionelles Training machen hier aber viel aus. Unter dem Oberbegriff „Stimme" fassen wir zusammen:
- ✔ Stimmhöhe,
- ✔ Betonung,
- ✔ Sprechtempo,
- ✔ Lautstärke,
- ✔ Artikulation.

Volle Stimme

Eine wichtige Voraussetzung für den optimalen Stimmeinsatz ist die richtige Atemtechnik. Einige lange, tiefe Atemzüge vor Redebeginn helfen Ihnen nicht nur, Ihre Nervosität in den Griff zu bekommen. Versuchen Sie es einmal: Atmen Sie tief und langsam, und lassen Sie die Luft erst in den Bauch, dann auch in den Brustkorb hinaufströmen. Sie können sich dabei vorstellen, Ihr Oberkörper sei ein Krug, der sich langsam füllt. Erst fließt der Atem in den Bauch, dann füllt sich der Brustraum und zuletzt der obere Bereich, etwa auf Höhe der Schlüsselbeine. Sie versorgen durch diese intensive und tiefe Bauchatmung Ihr Gehirn mit Sauerstoff und schaffen die Voraussetzung dafür, dass Ihre Stimme voll und sicher klingt.

Klar akzentuieren

Während Ihrer Präsentation können Sie durch eine klare Aussprache, deutliche Betonung und das Sprechtempo Akzente setzen. Nutzen Sie diese Möglichkeit möglichst bewusst – nichts wirkt einschläfernder als ein immer gleicher Redefluss ohne Passagen, in denen Sie mal schneller, mal langsamer werden. Lassen Sie sich von Profis wie Politikern inspirieren, die sich mit der Redekunst auseinandergesetzt haben. Bei vielen Reden im Bundestag können Sie beobachten, wie das Sprechtempo gekonnt eingesetzt wird, um wichtige Punkte zu betonen. Ob Sie übrigens schneller werden (Stakkato) oder sogar betont langsam reden und Pausen lassen, ist Ihnen überlassen. Beide Techniken lenken die Aufmerksamkeit der Eltern und anderen Zuhörer effektiv auf solche Passagen, die Sie besonders hervorheben möchten.

Laut und deutlich

Auch die Lautstärke lässt sich als Instrument einsetzen, um auf Gedanken hinzuweisen, die Ihnen wichtig sind. Sie kommen zu einem wichtigen Punkt Ihres Vortrags? Werden Sie dann ruhig einmal etwas lauter, damit drücken Sie Ihre innere Beteiligung und Ihr Engagement aus. Lauter zu reden, zwingt auch zu einem Verlangsamen des Sprechtempos, das vielen Rednern guttut. Haben Sie die Aufmerksamkeit gewonnen, senken Sie die Stimme wieder ein wenig ab, so halten Sie Spannung aufrecht.

Drei Übungen für eine volle Stimme und ruhigen Atem

Übung 1: Atemübung bei Nervosität

Diese Übung löst schnell Verspannungen und wirkt gegen Kurzatmigkeit – ideal bei Lampenfieber!

So geht es:

Stellen Sie sich vor, auf Ihrem Handrücken läge eine herrlich duftende Blume. Führen Sie die Blume zur Nase, und atmen Sie nun mehrmals schnuppernd durch die Nase ein, um den Duft wahrzunehmen. Füllen Sie Ihre Lungen ganz mit Luft. Sind die Lungen voll, atmen Sie auf einmal durch den Mund aus. Danach machen Sie eine Atempause (5-10 Sekunden), bevor Sie wieder einatmen. Sie atmen erneut „schnuppernd" durch die Nase ein, durch den Mund aus und machen danach eine Pause. Wiederholen Sie das einige Male – nach vier bis fünf Atemzügen sind Sie ruhig und energiegeladen.

Übung 2: Die eigene Stimmlage finden

Jeder Mensch hat eine Stimmlage, in der er mit geringstem Aufwand gut sprechen kann. Das ist die so genannte „Indifferenzlage". Wenn Sie in dieser ganz eigenen Stimmlage sprechen, kommt Ihre Stimme tief aus der Körpermitte, klingt voll und sicher, und Sie fühlen sich beim Sprechen einfach wohl. Machen Sie diese Übung, um Ihre individuelle Stimmlage zu finden oder wenn Sie nervös sind und sich beruhigen wollen.

So geht es:

Nehmen Sie eine entspannte Körperhaltung ein, und legen Sie eine Hand locker auf den Bauch. Spüren Sie, wie sich der Bauch hebt und senkt, und sagen Sie dann einige Male ganz ungezwungen „mhm" und „aha". Die Stimmlage, die Sie dabei einnehmen, ist Ihre Indifferenzlage.

Übung 3: Resonanzübung

Resonanzübungen helfen Ihnen, Ihre Stimme voller zu machen. Je entspannter Sie beim Sprechen sind, desto mehr Körperteile werden durch die Stimmfrequenz zum Mitschwingen gebracht und desto voller wird der Klang Ihrer Stimme. Nutzen Sie Autofahrten oder das morgendliche Duschen für Ihre Resonanzübungen – Sie werden sehen, dass Ihre Stimme danach voller und runder klingt.

So geht es:

Tönen Sie die Vokale a, e, i, o, u mit lang gehaltenen Konsonanten (l,m,n,w):
Lllllllaaaaaaaaa, Lllleeeeeee, Lllliiiiiiiiii, Lllllloooooo, Llluuuuuuu …
Mmmaaaaa, Mmmeeeee, Mmmiiiiii, Mmmooooo, Mmmuuuuu …
Nnnaaaaa, Nnnneeee, Nnnnniiiii, Nnnnooooo, Nnnuuuuu …
Wwwaaaaa, Wwweeeeee, Wwwwiiiiii, Wwwooooo, Wwwwuuuuuu …

Artikulieren statt nuscheln

Zu guter Letzt: Bemühen Sie sich um eine deutliche Artikulation. Nuscheln oder monotones Sprechen sind oft eine Folge nicht ausreichend eingesetzter Artikulation. Richten Sie sich nach Martin Luther, dem das Zitat „*Tritt frisch auf, mach's Maul auf und hör bald auf*" zugeschrieben wird. Arbeiten Sie bewusst mit Ihrem Mund, Ihrer Kiefer- und Zungenmuskulatur. Öffnen Sie den Mund beim Reden, formen Sie die Laute deutlich und verständlich, und heben Sie einzelne Begriffe Ihres Vortrags durch besonders klare Aussprache hervor.

Signal 5: Pausen

Wenn wir vor anderen sprechen, unterscheidet sich die Eigenwahrnehmung oft stark von der Fremdwahrnehmung. Ein häufiges Phänomen, das viele Redner befällt, ist der Drang, möglichst schnell zu sprechen und keine Pausen einzulegen. Für Zuhörer ist das schwierig, denn oft können sie die Informationen nicht so schnell verarbeiten, wie sie dargeboten werden. Tun Sie Ihren Zuhörern den Gefallen, und schenken Sie ihnen die Zeit, das Gehörte zu verdauen. Besonders wichtig ist das übrigens, wenn Sie nicht nur reden, sondern Ihre Worte mit Bildern oder bildhaften Darstellungen begleiten. Überschätzen Sie nicht die Fähigkeit zum „Multitasking". Die meisten Menschen können nur eines gleichzeitig: hören, sehen oder geistig verdauen. Alles gleichzeitig zu verlangen, ist vermessen.

Auch die Rednerin selbst tut sich keinen Gefallen mit einem zu schnellen Redefluss. Zu den Zeichen der Unruhe, mit denen das Publikum sie bald irritieren wird, kommt die fast unvermeidliche eigene Atemnot. Sie stellt sich ein, wenn wir uns nicht ausreichend Zeit zum Atmen nehmen.

Pausen bewusst einsetzen

Bauen Sie darum bewusst Pausen in ihre Rede ein, auch wenn Sie selbst den Eindruck haben, ein unerträgliches Schweigen würde ausbrechen. Atmen Sie einige Male ruhig ein und aus, und nutzen Sie das kleine Innehalten für einen Blick ins Publikum. Bitte senken Sie nicht die Augen auf Ihre Notizen oder zur Decke –

Noch einmal auf den Punkt gebracht: So wirken Sie sicher!

✔ **Haltung**: Stehen Sie aufgerichtet und gerade.
✔ **Atem**: Atmen Sie ruhig und tief, sprechen Sie abwechslungsreich und deutlich.
✔ **Ausdruck**: Schauen Sie Ihr Publikum an, lächeln Sie.
✔ **Lautstärke**: Achten Sie darauf, dass Sie gut zu verstehen sind.
✔ **Pausen**: Geben Sie den Zuhörern Zeit, das Gehörte zu verdauen (still bis 5 zählen).
✔ **Selbstvertrauen**: Glauben Sie an sich selbst!

blicken Sie stattdessen interessiert in die Augen Ihrer Gegenüber.

Damit die Zuhörer Ihre Pausen überhaupt als solche wahrnehmen, zählen Sie in einer solchen Unterbrechung still bis fünf. Das mag Ihnen wie eine Ewigkeit vorkommen, wird aber von den Zuhörern ganz anders erlebt.

Sprechpausen eignen sich übrigens auch hervorragend als Mittel der Dramaturgie, um Spannung aufzubauen. Ebenso können Sie in Pausen bewusst den Blickkontakt zu Ihren Zuhörern suchen und deren Reaktionen abschätzen.

Übung für Pausen und Artikulation

Diese Übung können Sie mit einer Kollegin oder allein durchführen. Dann benötigen Sie allerdings ein Aufnahmegerät.

So geht es:
Suchen Sie sich einen kurzen Text aus einem Buch oder einer Zeitschrift aus, und lesen Sie ihn jemandem vor, bzw. nehmen Sie ihn auf. Planen Sie vorher Ihr Sprechen: Machen Sie sich Zeichen, z. B. | für Pause oder || für eine längere Atempause. Notieren Sie, wo Sie lauter, leiser, langsamer oder schneller werden wollen. Achten Sie bitte auch darauf, in den Pausen keine Füll-Laute wie „äh" oder „ähm" oder „also" von sich zu geben. Die meisten von uns verwenden diese „Ähs" weit häufiger, als es uns bewusst ist. Mit etwas Disziplin gelingt es Ihnen aber schnell, diese entnervende Angewohnheit aufzugeben. Lassen Sie sich anschließend Feedback geben, bzw. kontrollieren Sie sich selbst.

Keine Angst vor Lampenfieber –
Tipps und Kniffe gegen ein Volksleiden

„Beim Gedanken an den Elternabend wird mir ganz anders. Vor vielen Leuten reden, das kann ich einfach nicht." – Lampenfieber vor einem öffentlichen Auftritt kennt fast jeder. Das Flattern im Bauch, die feuchten Hände und der erhöhte Puls haben sogar ihr Gutes, denn sie spornen uns zu Höchstleistungen an. Im Sport wurde dieser Zustand wissenschaftlich erforscht. Das erstaunliche Ergebnis: Lampenfieber lässt sich positiv nutzen. Der Erregungszustand vor einem Wettkampf versetzt Athleten in die Lage, Höchstleistungen zu erbringen, zu denen sie im entspannten Zustand gar nicht in der Lage wären.

Medizinisch gesehen, ist Lampenfieber nichts anderes als eine Stressreaktion des Körpers. Das Hormon Adrenalin, das dabei ausgeschüttet wird und den Körper überflutet, sorgt für die typischen Symptome des Lampenfiebers:

✔ erhöhte Herzfrequenz, beschleunigter Puls,
✔ Zittern,
✔ Schwitzen,
✔ trockene Kehle,
✔ Atemnot.

Viele Opfer von Lampenfieber haben das Gefühl, gleich in Ohnmacht zu fallen, andere sprechen von lähmender Angst. Übrigens zählen auch viele Prominente zu den Lampenfieber-Geplagten, unter anderem der ehemalige amerikanische Präsident Abraham Lincoln, Star-Tenor Enrico Caruso, Oscar-Preisträger Colin Firth oder Teenie-Schwarm Robbie Williams.

Ob Panik oder leichtes Unwohlsein – Lampenfieber wird immer durch Stress ausgelöst. Worin dieser Stress besteht, ist jedoch völlig subjektiv. Reden vor Publikum allerdings gehört für einen Großteil der Menschheit zu den stressigsten Situationen, die man sich vorstellen kann. Nach einer oft zitierten Befragung haben mehr Menschen Angst vor einer Rede in der Öffentlichkeit als vor dem Tod. Zum Glück stehen wir nicht vor derartigen Entscheidungen – wohl aber immer wieder vor der Notwendigkeit eines wie auch immer gearteten Vortrags.

Tipp 1: Vorbereitung ist alles

Eines der besten Mittel gegen Lampenfieber ist eine gute Vorbereitung. Für Vortragssituationen heißt das, sein Material wirklich gut zu kennen, eine überzeugende Vortragsstruktur zu entwickeln und alle Unterlagen und anderen Hilfsmittel vorher gründlich zu überprüfen. Ebenfalls zur guten Vorbereitung gehört es, den Beginn der Präsentation auswendig zu lernen. Ja, auswendig! Wenig bringt einen Redner mehr aus dem Tritt, als sich gleich zu Beginn zu verhaspeln. Und das geschieht besonders oft gleich am Anfang.

Denken Sie daran: Die Nervosität ist kurz vor dem Beginn Ihrer Rede am größten. Wenn Sie erst einmal in Schwung gekommen sind, bringt Sie so schnell nichts mehr aus dem Tritt. Alles, was die Sicherheit in diesen ersten Minuten erhöht, hilft Ihnen, das Lampenfieber in den Griff zu bekommen.

Auch die letzten Worte Ihres Vortrags sollten Sie im Vorfeld ausformulieren, denn sie sind in aller Regel das, was bei den Zuhörern „hängen bleibt". Überlassen Sie also diese wichtige Phase nicht dem Zufall, sondern überlegen Sie in aller Ruhe, wie sich Ihr Anliegen in einem mitreißenden Schlussappell formulieren lässt: *„Zum Schluss möchte ich noch einmal betonen, dass wir unseren Plan, Bewegungskindergarten zu werden, nur mit Ihrer Hilfe umsetzen können. Wenn wir es schaffen, schaffen wir es gemein-*

**Lampenfieber –
eine gute und eine schlechte Nachricht**

Die schlechte Nachricht: Wer an Lampenfieber leidet, wird es nie vollkommen los.

Die gute Nachricht: Der Umgang mit Lampenfieber kann trainiert werden. Im besten Fall macht uns dann der erhöhte Adrenalinpegel wacher, mobilisiert Kraftreserven und zeigt sich als mitreißende Energie.

sam! Für Ihre Unterstützung möchte ich schon jetzt ganz herzlich Danke sagen!"

Proben Sie Ihre Rede möglichst einmal, indem Sie sie laut halten, am besten vor dem Spiegel. Wenn das zu viel Zeit in Anspruch nimmt, beschränken Sie sich auf den Anfang und das Ende. Nur wenn Sie wirklich laut sprechen, hören Sie, wie Ihre Worte klingen, und können abschätzen, wo Stolperfallen liegen. So können Sie auch besser herausfinden, wie lange Sie wirklich brauchen, und bekommen ein Gefühl für den Sprechrhythmus und die idealen Stellen für (Spannungs-)Pausen.

Tipp 2: Die richtige Einstellung

Wer Lampenfieber hat, ist Egoist. *„**Ich** habe Angst", „**Ich** bin nervös", „Wie komme **ich** beim Publikum an?", „Was ist, wenn **ich** mich verspreche?"*

Machen Sie sich klar, dass Ihr Publikum Ihnen nichts Böses will. Im Gegenteil. Die Eltern, Kolleginnen oder Nachbarn sind Ihnen wohlgesonnen und interessieren sich für das, was Sie zu sagen haben. Dass Sie nervös sind, fällt diesen Personen vermutlich gar nicht auf. Im Gegenteil – als Referentin haben Sie den „Profi-Bonus", den wir automatisch dem zuschreiben, der vorn steht.

Jetzt endlich haben Sie die Gelegenheit, Ihren Standpunkt, Ihr Anliegen oder Ihre Ideen vorzutragen – eine gute Chance! Wenn Sie akutes Lampenfieber überkommt, suchen Sie sich eine Person aus Ihrem Zuhörerkreis heraus, der die positive Einstellung und das Interesse ins Gesicht geschrieben steht. Der Blick

in ein freundliches Gesicht verleiht Sicherheit. Sprechen Sie notfalls erst einmal zu diesem einen Gesicht, später sollten Sie selbstverständlich Ihren Blick wieder wandern lassen.

Tipp 3: Achtsam mit sich selbst umgehen

„Für dich ist das doch gar kein Problem, du machst das doch immer so toll. Ich könnte das gar nicht, vor so vielen Leuten etwas sagen."

Auch wenn es zu Ihrem Job als Leiterin oder Teamleitung dazugehört – eine öffentliche Präsentation ist eine Leistung, die Sie nicht mal eben so erledigen. Sorgen Sie deshalb ebenso gut für sich selbst, wie Sie es für jede Kollegin tun würden, die aufgeregt und nervös vor einer Präsentation steht.

Zum achtsamen Umgang mit den eigenen Bedürfnissen gehört vor allem, gut auf den eigenen Körper zu achten: Auch wenn Sie schon morgens das Gefühl haben, keinen Bissen runterzukriegen, versorgen Sie Ihren Körper mit Energie, am besten durch eine nicht zu große, aber ausgewogene Mahlzeit.

Achtung: Vermeiden Sie krümelige, klebrige oder tropfende Speisen kurz vor Redebeginn. Statt einen Flecken aus der Hose zu reiben, sollten Sie lieber Ihre Folien ein letztes Mal durchgehen.

Alkohol oder Beruhigungsmittel sind natürlich ebenfalls tabu. Statt Ihnen beim Entspannen zu helfen, sorgen diese Mittel nur zu ungewollten Aussetzern und peinlichen Fehleinschätzungen. Aber auch „Aufputscher" wie Kaffee oder schwarzen Tee sollten Sie meiden. Stellen Sie ein Glas Wasser bereit, das hilft gegen den trockenen Hals.

Tipp 4: Angemessene Kleidung tragen

Als Erzieherin müssen Sie zum Glück nicht im „Power-Dress" auftreten. Dem Anlass angemessene Kleidung verleiht Ihnen aber eindeutig mehr Sicherheit. Entscheiden Sie sich für ein Outfit, in dem Sie sich wohl fühlen und nicht verkleidet, und vermitteln Sie Ihre Kompetenz auch durch ein gepflegtes Äußeres.

Tipp

Beeinflussen Sie Ihre Einstellung durch Selbstgespräche. Es mag Ihnen albern vorkommen, aber laut ausgesprochene Sätze, wie „Alles wird super laufen" oder „Ich freue mich auf meinen Vortrag" oder „Ich weiß, wovon ich rede" oder auch „Alle interessieren sich dafür", bauen Ihr Selbstbewusstsein auf und verleihen Sicherheit.

Tipp 5: Letzte Minuten nutzen

Wie wichtig die richtige Atemtechnik für Ihre Präsentation ist, wurde bereits erwähnt. In den letzten Minuten können Sie sich mit den beschriebenen Atemübungen etwas Gutes tun. Unmittelbar vor Redebeginn atmen Sie einige Male tief ein und aus, um das Gehirn mit Sauerstoff zu versorgen und Verkrampfungen vorzubeugen.

Auch Bewegung kann Ihnen jetzt helfen: Wenn Sie die Zeit haben, entspannen Sie sich im Vorfeld Ihres Vortrags durch Bewegung. Ob Ihnen ein Spaziergang, Gymnastik, Yoga-Übungen oder autogenes Training helfen, ist ganz von Ihren Vorlieben und der jeweiligen Situation abhängig. Mit Bewegung lässt sich Adrenalin abbauen. Entspannungsübungen helfen, sich auf das Wesentliche zu konzentrieren und positive Gedanken zu verankern.

Checkliste: Lampenfieber bekämpfen

Gut vorbereitet sein
- ✔ Thema gut aufgearbeitet?
- ✔ Struktur (roter Faden) vorhanden?
- ✔ Anfang und Schluss ausformuliert und auswendig gelernt?
- ✔ Alle Unterlagen und Hilfsmittel vorhanden?
- ✔ Technik ausprobiert und überprüft?

Drei Merksätze für die richtige innere Einstellung
- ✔ Ich bin gut vorbereitet!
- ✔ Mein Thema interessiert!
- ✔ Mein Publikum freut sich auf mich und ist mir wohlgesonnen!

Achtsamkeit für die eigenen Bedürfnisse
- ✔ Satt und ausgeschlafen?
- ✔ Angemessene, professionelle Kleidung?
- ✔ Gepflegtes Äußeres?
- ✔ Tief durchatmen!
- ✔ Lächeln!

Literatur

Bendt, Ute; Erler, Claudia:
Aus bewährter Praxis die eigene Konzeption entwickeln.
Verlag an der Ruhr, 2008.
ISBN 978-3-8346-4012-7

Gelb, Michael J.:
Sich selbst präsentieren.
Gabal Verlag, 1998.
ISBN 978-3-930799-07-3

Jacobs, Dorothee:
Kreative Dokumentation.
Cornelsen Scriptor, 2006.
ISBN 978-3-589-25418-7

Koschembar, Frank:
Grafik für Nicht-Grafiker.
Westend Verlag, 2008.
ISBN 978-3-938060-23-0

Lachnit, Petra:
Sicher reden, anschaulich präsentieren.
Don Bosco Verlag, 2001.
ISBN 978-3-7698-1296-1

Lindner, Ulrike:
Elternabend in Kita und Krippe mal anders!
Verlag an der Ruhr, 2010.
ISBN 978-3-8346-0724-8

Lipp, Ulrich; Will, Hermann:
Das große Workshop-Buch.
Beltz Verlag, 2008
ISBN 978-3-40736459-3

Runk, Claudia:
Grundkurs Grafik und Gestaltung
Galileo Press, 2010.
ISBN 978-3-8362-1437-7

Weidenmann, Bernd:
100 Tipps & Tricks für Pinnwand und Flipchart.
Beltz Verlag, 2008
ISBN 978-3-407-36457-9

Will, Hermann:
Mini-Handbuch Vortrag und Präsentation.
Beltz Verlag, 2006.
ISBN 978-3-407-22615-0

Willberg, Hans Peter; Forssmann, Friedrich:
Erste Hilfe in Typografie.
Verlag Hermann Schmidt, 1999.
ISBN 978-3-87439-474-3

Links

Software für die Fotobearbeitung
http://picasa.google.de
www.gimp.org

Freie Schriften
www.myfonts.de

Internet-Druckereien
www.flyeralarm.de
www.vistaprint.de
www.printopronto.de
www.logiprint.de
www.printforfun.de

pdf-Creator
http://www.freeware.de/download/ pdfcreator_11310.html

Software für Mindmaps mit dem PC
www.freemind.softtonic.de
www.mind-jet.de

Bilddatenbanken
www.pixelio.de
www.flickr.com

✔ Kita-Projekte originell dokumentiert   ✔ Flyer, Einladungen und Aushänge   ✔ Präsentationen mit Aha-Effekt

Danksagung

Viele Abbildungen in diesem Buch stammen aus Fortbildungen oder aus Einrichtungen, in denen ich Studientage durchgeführt habe. Nicht alle Bilder konnten nachträglich zugeordnet werden. Vielen Dank vor allem an die Einrichtungen:

- ✔ Kita Am Herzogtore, Wolfenbüttel
- ✔ Kita Regenbogen, Wolfenbüttel
- ✔ DRK-Kita Mörse, Wolfsburg
- ✔ Kita Harlingerode, Bad Harzburg
- ✔ DRK-Kita Grossliedern, Uelzen
- ✔ DRK-Kita Ehmen, Wolfsburg
- ✔ Villa Kunterbunt, Wolfenbüttel
- ✔ Kita Sievershausen, Lehrte

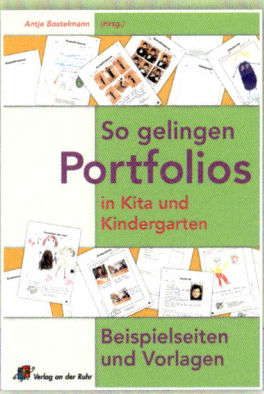

Verlag an der Ruhr

Postfach 10 22 51
45422 Mülheim an der Ruhr

Telefon 030/89 785 235
Fax 030/89 785 578

bestellungen@cornelsen-schulverlage.de
www.verlagruhr.de

Es gelten die Preise auf unserer Internetseite.

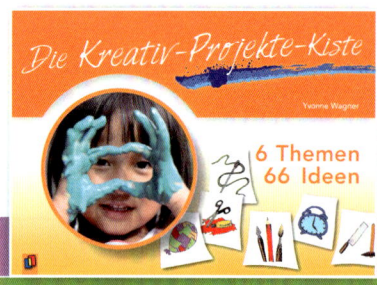

■ **Die Kreativ-Projekte-Kiste**
6 Themen – 66 Ideen
Yvonne Wagner
3–7 J., 160 S., A4 quer, Paperback
ISBN 978-3-8346-0634-1

■ **Der Wald ist voller Wörter**
Ganzheitliche Sprachförderung in der Natur
Michael Godau
3–7 J., 94 S., A4, Paperback, farbig
ISBN 978-3-8346-0537-5

■ **Viele Kinder – ein Kunstwerk**
GroßARTige Gemeinschafts-Kunstaktionen
mit 3- bis 7-Jährigen
Gaby Müller
3–7 J., 80 S., A4, Paperback, farbig
ISBN 978-3-8346-0828-4

■ **Kleine Künstler – große Meister**
GroßARTige Kunsterlebnisse
für 3- bis 7-Jährige
Gaby Müller
3–7 J., 72 S., A4, Paperback, farbig + 15 farbige A4-Poster
ISBN 978-3-8346-0633-4

■ **Von der Dschungel-Expedition bis zur Abenteuerreise ins Riesenland**
20 fantasievolle Bewegungslandschaften
für 3- bis 6-Jährige
Myriam Bosch
3–6 J., 88 S., 16 x 23 cm, Spiralbindung, farbig
ISBN 978-3-8346-0829-1

■ **Rituale-Lieder für die Kita**
von Aufräumen bis Zähneputzen
Pig Band Borste
3–6 J., 56 S., 17 x 24 cm, Paperback, mit CD
ISBN 978-3-8346-0844-4

■ **155 5-Minuten-Spiele für die Krippe**
zum Sprechen, Fühlen, Entdecken und Bewegen
Kathy Charner, Charlie Clark, Maureen Murphy
1–3 J., 166 S., 16 x 23 cm, Paperback
ISBN 978-3-8346-0713-3

■ **Mit Musik durchs Kita-Jahr!**
Lieder, Tänze, Klanggeschichten
Kati Breuer
3–6 J., 128 S., 16 x 23 cm, Paperback, mit Audio-CD
ISBN 978-3-8346-0629-7

Keiner darf zurückbleiben